Solche Bauernhöfe sind ein wichtiger Beitrag für die Dorfökologie

Dieses Fenster ist eine Kostbarkeit, keine geschmacklose Massenware

WOLF-DIETMAR UND URSULA UNTERWEGER

Die Schönheit alter Bauerndörfer

»Es ist gut,
daß es das noch gibt …«

Artgerechte Tierhaltung bedeutet freier Auslauf der Tiere

Inhalt

Durch Zweckmäßigkeit, Tradition und Erfahrung geformte bäuerliche Baukunst

Schandflecke im Dorf

Ein Plädoyer für den Erhalt bodenständiger Kultur und Natur auf dem Land

»Der Schandfleck muß weg!« Gemeint ist das historische Pfarrhaus, um das Jahr 1720 im barocken Stil erbaut. Seit Jahren gammelt es vor sich hin, verfällt mehr und mehr. Jedesmal vom heiligen Zorn gepackt, sei der Bürgermeister, wenn er an dem verfallenden Gemäuer vorbeikommt. Putz und Stuck bröckeln ab, Wände sind feucht und Dachplatten fehlen, Fensterläden hängen schief in den Angeln, Scheiben sind zu Bruch gegangen. Der herrschaftlich wirkende Eingangsbereich ist »verschmutzt«, von Gras und Gewächs aller Art überwuchert. Rund ums Haus sieht es auch nicht viel besser aus. Überall stehen Brennesseln, drängen sich Strauchwerk und Wildkräuter durch den windschiefen Staketenzaun. Selbst die Hochstammobstbäume sind schon so alt, morsch und von Flechten überzogen, daß sie kaum noch Äpfel tragen.« Solche Geschichten stehen wöchentlich mindestens einmal in der Zeitung.

Für die Gemeinde und die Diözese gibt es keine Möglichkeit mehr, sich dieses historischen Pfarrhauses durch Abbruch einfach zu entledigen. Denn das Verwaltungsgericht hat den Abbruchplänen nicht stattgegeben. Der Abbruch des stattlichen Gebäudes aus dem 17. Jahrhundert ist nach dem Urteil des Gerichts durch das Landesdenkmalamt verboten worden, weil damit historische Bausubstanz vernichtet würde.

Wieviel an baulichem Erbe durch Unkenntnis, mangelnde Sensibilität für Altes, historisch Gewachsenes auf dem Lande einer »Aufräumeuphorie« zum Opfer gefallen ist, läßt sich leicht nachvollziehen, wenn man wachen Auges durch die Dörfer geht. Fast alle historischen Bauernhäuser, selbst der alte Dorfkern, konnten dem Älterwerden nicht widerstehen. Sie sind dem Drang und dem Zwang nach Neuem gewichen.

Ein neues, sauberes und pflegeleichtes Haus mußte der Architekt für den Bauinteressenten planen und für den Bürgermeister ein ebensolches Dorf. Dem »unaufgeräumten« schönen, alten Dorf ist der Kampf angesagt worden. Man nimmt sich keine Zeit, wertvolle alte Bausubstanz auf ihren historischen und baulichen Wert hin zu überprüfen. Allein das Altsein reichte bzw. reicht als Kriterium, um den Abriß zu sanktionieren.

Das Reinlichkeitsstreben nach blankgefegten Strassen, den mit Spaten, Rasenmäher und Kantenschere getrimmten Vorgärten, den mit blumengefüllten Beton- oder Holzkübel verstellten Gehwegen, den mit viel Chemie bearbeiteten Blumenrabatten an Straßenkreuzungen und Abzweigungen, hat die Verwunschenheit und Idylle, das, was einmal schön war am alten Dorf, zerstört. Überall herrscht Gleichmacherei, die sich in der Fertigbauweise einer erfindungsreichen Industrie, Versandhauskatalogmodellen für Haus und Hof gleichermaßen wie in unzähligen Giften als Unkrautvernichtungsmittel für die Pflege des Gartens, Putzmittel für die Reinhaltung des Autos, Desinfektionsmittel im Haus und für die ganze Familie, ausdrückt.

Der Grund, warum in Deutschland Sauberkeit übertrieben wird, kann beispielhaft am Baden-Württemberg des 17. Jahrhunderts aufgezeigt werden. Zu dieser Zeit wurde im reformierten Württemberg eine strenge sittliche Zucht und christliche Ordnung, die Siebente Landesordnung von 1621 etabliert. Mit der Einführung der Kirchenkonvente, 1644 landesweit, schuf man ein wirksames Durchsetzungsinstrument gegen Gesetzesübertretungen. Der Vogt und der Pfarrer führten gemeinsam den Vorsitz. Dieses Komitee war für die christliche Disziplin im Dorfe zuständig. Eine gottgewollte, rational geregelt Ordnung war ihr Ziel. Luther setzte allein auf die rechte Theologie und Wortverkündigung und verbannte das kanonische Recht. Von nun ab nimmt sich die Justiz der Verchristlichung der Welt an. Die Polizei soll ehrbares Leben, wahres Christsein garantieren. Örtliches Brauchtum und Gewohnheiten wurden in Frage gestellt. Vorgegebene Normen verunsicherten den Einzelnen in seinem Verhalten, wobei er oft seines angestammten kulturellen Hintergrundes beraubt wurde. Die Kirchenkonvente rieten zur methodischen Lebensführung, die Welt der Arbeit wurde zu einem religiösen Motiv. So trachtete man unter dem Druck der Kirche und des Staates durch »Erdenarbeit dem Himmelslohne« näher zu kommen.

Der Schwäbische Volkscharakter, das »Schaffe, schaffe ...«, bildete sich immer stärker heraus. Diese »schwäbische Tugend« vereinnahmte alsbald die gesamte deutsche Nation. Arbeit, Beruf, Werktag, ein den ganzen Tag ausfüllendes Tätigsein, dominierten das Alltagsleben des Deutschen. Öffentlich zeigte man sich nur noch arbeitsam, denn in Verruf zu kommen, schadete der Ehre. Man flickte, richtete, überholte, putzte, ordnete – man verfiel in »Schaffig-sein« und »Sich-schaffig-geben«. Kaum jemand ist sich heute bewußt, daß diese antrainierten Handlungsmuster und Tugenden eine nahezu dreihundertjährige Geschichte haben. Trotz Erlöschens des Kirchenkonvents mit der Schaffung von Kirchengemeinderäten im Jahre 1887 haben diese »Tugenden« Bestand. Bei der Mehrzahl der Bevölkerung scheint das sittenstrenge Kirchenkonvent noch zu wirken.

Zum »Sach«, den durch Gottes Gabe gegebenen Gütern (daß Naturgüter dazugehören sollten, daran dachte damals wie heute kaum jemand), hatte man ein durchaus individuelles Verhältnis. Galt es doch, diese zu erhalten und zu pflegen, noch mehr, diesen sich geradezu dienend unterzuordnen. Wer sein »Sach« herunterkommen ließ, konnte durch einen 1781 herausgebrachten Erlaß enteignet werden bzw. (man staune) zum Militär eingezogen werden. Diese Zwangsandrohung hatte durchaus eine positive Wirkung. Der Ehre wegen und dem daraus sich resultierenden, inniglichen Besitzstandsverhältnisses, war jeder so gut es ging versucht, sein Haus und Hof ordentlich in Stand zu halten. Dadurch wurden kulturhistorische Gebäude auch auf dem Lande in großer Anzahl über Jahrhunderte hin bis in die Mitte des 20. Jahrhunderts erhalten.

Auf den ersten Blick ist dieses Haus nicht als Kulturdenkmal zu erkennen

Küchenfenster der Weberselde in Sprossenteilung

Die Weberselde in Wain im Allgäu

Vom Schmuckstück zum Schandfleck – Chronologie eines Skandals

»Seine Elemente: Natur und Natürliches – Ein Chemiker findet seine Lebensformel.

Wolf-Dietmar Unterweger packte seinen Fotoapparat, nahm das Haus auf, fasziniert von Türklinken, Fenstern, Treppenaufgängen, Fensterläden, die – per Beschluß – zerstört wurden.« »Ich könnte so etwas nicht tun, wenn ich nicht einen bäuerlichen Ursprung, eine dörfliche Kindheit gehabt hätte. So wurde ich, wie meine Vorväter, ein Erhalter. Ich bin dem Modernen, dem Neuen offen, aber Gutes zu bewahren, halte ich für außerordentlich wichtig. Seit zehn Jahren treibt mich der Wunsch um, Besitzer alter Höfe davon zu überzeugen, wie wichtig es ist, ihr Haus, ihren Stadel, ihre Fensterläden – lauter kulturhistorische Dinge – zu bewahren, zu schützen. Auch vor Antiquitätenhändlern. Man sollte nachbarlichem Geschwätz weniger Wert beimessen. Man kann angestammte Höfe in ihrer Substanz erhalten und trotzdem rationell arbeiten. Vielseitig bewirtschaftete Höfe sind nicht so marktanfällig und auch ökologisch zukunftsträchtiger.«

(F. S.) Schwäbische Zeitung vom 24. Januar 1987.

Mit »Zahns Haus« (Bach Schusters Haus), von dem in obigem Zeitungsbericht die Rede ist, fing mein neuer beruflicher Lebensweg an. Als ich hörte, daß dieses Haus, es war im Jahre 1978, in Wain, dem Ort meiner Kindheit, der Spitzhacke zum Opfer fallen wird, fotografierte ich es in allen Details. Historisch wertvoll war dieses alte Fachwerkhaus allein schon dadurch, daß der erste Arbeitsminister Baden-Württembergs, Hans Stetter, nach dem Krieg in diesem Haus seine Jugend verbrachte. Das interessierte damals wie auch heute niemanden. Sein einziger Makel: es war alt und dadurch für einige Leute zum Schandfleck geworden.

Bis dahin protestierte ich gegen den Abriß wertvoller alter Häuser nur nebenbei. Seit 1983 habe ich das Anliegen, Natur und Kultur zu erhalten, zu meinem Beruf gemacht. Die seitdem publizierten zahlreichen Bildbände und Kalender sehe ich als humane Botschaft, als Dokumente des Niedergangs einer Lebensart, die zu erhalten, wiederzuerwecken und wiederherzustellen mein Bestreben ist.

Sieben Jahre später, am 11. August 1994, steht in der Schwäbischen Zeitung – Biberach – Stadt und Land – (den Wainer Bürgern wird dieser Bericht in der Laupheimer Ausgabe vorenthalten):

»Das ehemalige Weberhaus in der Wainer Oberen

Fenster, Tür und Tor – Vorderansicht des am 4.8.94 abgerissenen Weberhauses

Dorfstr. 40, angekauft von Otto Fromm, steht nicht mehr.«

Landrat Peter Schneider:

»Können ihm die Abbruchgenehmigung nicht versagen.«

Dr. Unterweger: »Den Wert erkannte nur der, der auch drinnen war.«

Wain/Kirchberg (häm) – Mitte Mai bis Anfang August schien's noch möglich, daß die Idee, in Wain das einstige Weberhaus zu erhalten und hier ein kleines Dorfmuseum mit Galerie zu installieren, realisiert werden könnte. Die Verwirklichung dieses Projektes, für das sich, wie berichtet, der gebürtige Wainer Dr. Wolf-Dietmar Unterweger stark machte, der gegenüber dem Eigentümer Otto Fromm und Bürgermeister Christian Schlenk mehrfach Übernahme-Interesse bekundete, ist nun endgültig verbaut. Denn der Wainer Busunternehmer und Kreisrat Otto Fromm, der das baufällige Eindachhäuschen, das er als einen »Schandfleck vor meinem Haus« bezeichnete, vom Bad Kitzinger Vorbesitzer Oerter erworben hatte, ließ es am Wochenende abreißen, verwirklichte damit Teil 1 seiner Absicht, dort eine Wiese für seine Enkelkinder zu schaffen.

Um einen Terminus aus dem Schachsport zu benutzen, das dreimonatige Gerangel um dieses Weberhaus, von der Denkmal-Expertin Sabine Kraume-Probst als »letztes Zeugnis der hier einst stark verbreiteten Landweberei« taxiert, war in den letzten Wochen eine regelrechte Hängepartie. Denn nachdem Otto Fromm beim Ankauf des Weberhauses nicht wußte, daß Dr. Unterweger einen Prüf-Bericht bei der Tübinger Außenstelle des Landesdenkmalamtes beantragte, hatte er Ende Mai, »nachdem Sie sich sehr engagiert bei verschiedenen Zeitungen und Rundfunkstationen für den Erhalt« eingesetzt hatten, es Dr. Wolf-Dietmar Unterweger zum Kauf angeboten. Otto Fromm bestand in seinem Schreiben an den Sohn seiner Nachbarin allerdings darauf, daß das Häuschen innerhalb von zwei Jahren saniert werden müßte.

Ebenfalls hatte er das Haus der Gemeinde Wain zum Rückkauf angeboten, die allerdings, wie berichtet, aus finanziellen Gründen keine Möglichkeit sah, hier einzusteigen. Als Otto Fromm Mitte Juli wieder von Abreißen sprach, schaltete Dr. Unterweger, der in diesem Häuschen ein frühes »Lehrbeispiel für ökologisches Wohnen auf beengtem, kleinsten Raum sah«, den Landrat als Vermittler ein, und handelte mit Fromm in einem längeren Telefongespräch eine zehntägige Abwarte-Frist aus. In seinem Schreiben an Peter Schneider schlug Unterweger, sofern Fromm dieses »kulturhistorisch einmalige Haus« nicht an ihn verkaufen wolle, auch eine »goldene Brücke« vor: »Der Landkreis kauft es, und ich übernehme es. So hat auch der Landkreis keinen Verlust.«

Am 1. August schrieb nun Landrat Peter Schneider an Dr. Unterweger, er müsse ihm »zu meinem Bedauern mitteilen«, Herr Fromm habe sich im Gespräch nicht mehr zu einem Verkauf bereit erklärt, da es sich aus seiner Sicht um kein Kulturdenkmal, kein Gebäude des 18. Jahrhunderts und auch um kein Weberhaus handele. Schneider fügte an, daß sich Otto Fromm nicht davon abbringen lasse. Er wolle das »ruinöse Gebäude«, wie es auch seine Frau gegenüber der Schwäbischen Zeitung eingestuft hatte, abreißen lassen. Schneider ergänzte in seinem Schreiben an den bekannten Chronisten bäuerlichen Lebens dann zur Rechtslage: »Wir

Der Weber im Donk, dem Weberkeller, beim Weben von Leinen

Letztes Zeugnis der 300jährigen Webertradition in Wain

können ihm die Genehmigung zum Abbruchnicht versagen, nachdem das Landesdenkmalamt das Gebäude nach intensiver Untersuchung nicht als Kulturdenkmal eingestuft hat.«

Etwas ausführlicher antwortete SPD-MdL Rainer Brechtken, Staatssekretär im Wirtschaftsministerium. Nach vorgenommener nochmaliger vertiefender gutachterlichen Stellungnahme durchs Landesdenkmalamt bestehe für ihn keine rechtliche Handhabe, die bereits ausgesprochene Abbruchgenehmigung rückgängig zu machen. Dennoch hält er, wie er Unterweger weiter schreibt, alle Bemühungen für begrüßenswert, die zur Erhaltung solcher baulichen Zeugen wie dem alten Weberhaus beitragen, auch wenn sie die Schwelle der Denkmaleigenschaft nach dem badenwürttembergischen Denkmalschutzgesetz nicht erreichen.

Wie erwähnt, sind nun am letzten Wochenende definitiv Fakten geschaffen worden. Als stillos empfindet es Dr. Unterweger, daß Otto Fromm sich nicht, wie er ihm zugesagt habe, nochmals gemeldet habe, wie er sich nun entschieden habe. Für den in Kirchberg wohnenden Publizisten ist der Abriß ohne Vorinformation nach dieser ganzen Vorlauf-Geschichte ein weiteres Indiz, warum vielfach von zunehmender Politikverdrossenheit und der Macht des Geldes gesprochen wird. Seiner Ansicht nach sei sich Kreisrat Otto Fromm seiner Verantwortung gegenüber der Allgemeinheit hier nicht bewußt gewesen und appelierte im gleichen Atemzug, daß sei kein Vorbild. Otto Fromm, im Kreistag Mitglied des Kultur- und Schulausschusses, sein Kreistagsmandat aufgeben solle. Was ihn selbst und seinen verlorenen Kampf ums Weberhaus betreffe, so sieht er diesen gezeigten Einsatz im Nachhinein so: Er wollte nicht nur

Weberselde: Ein Kulturgut an der Schwelle zum Kulturdenkmal – kein Schandfleck!

schreibend ein Beispiel geben gegen den Raubbau am kulturhistorischen Erbe, sondern er habe den Aufruf der letzten beiden Bundespräsidenten ernst und wörtlich genommen, die zu mehr Zivilcourage mahnten. Gerade hierzulande würden immer noch viel zu viele nur tatenlos zuschauen, einfach alles akzeptieren.

Nachträglich als einen Skandal sieht es Dr. Unterweger an, daß nur die Denkmalschützer und er das Wainer Eindach-Häuschen von innen besichtigten: »Den Wert erkannte nur der, der auch drinnen war.« Einer, der's von innen sah, war Dr. Franz Graul aus Gutenzell. Im SZ-Gespräch bestätigte er, daß die Sanierung des erhaltenswerten Weberhauses mit einem gar nicht so hoch zu veranschlagenden finanziellen Aufwand machbar bewesen wäre. Fügt aber als vielleicht bessere Strategie an, wenn sich Otto Fromm, einige Gemeinderäte mit Bürgermeister Schlenk sowie Dr. Unterweger gemeinsam an einen Tisch gesetzt hätten. Gänzlich überrascht zeigt er sich nicht über den Abbruch: dies sei nur ein weiteres Glied in einer Kette von unglücklichen Entscheidungen im Landkreis Biberach. Wie's besser vorgemacht werde, wie dort mit dem historischen Erbe umgegangen werde, verdeutliche ein Blick über die Iller, ins Unterallgäu, wo unter der Ägide von Bezirkstagspräsident Dr. Georg Simnacher alte Häuser vorbildlich saniert werden. Schade nur, fügte Dr. Graul an, daß er vom Abriß nicht rechtzeitig erfahren habe; denn in der Flurküche hatte er recht kostbare Kacheln aus dem fränkischen Jura entdeckt …

Einen Erfolg hatte das Engagement von Wolf-Dietmar Unterweger in Sachen Weberhaus offensichtlich doch noch: Denn in seinem Schreiben an Landrat Peter Schneider regte er eine »Oberschwäbische Bauernlandstraße« an, damals als Nebenaspekt für den Erhalt des Weberhauses in Wain gedacht.

Auch Leser haben sich aufgrund zahlreicher Presse- und Rundfunkberichte zum Abbruch der Weberselde am 4. August 1994 gemeldet, – zwei Beispiele:

Der neue Besitzer hat eine Weberselde (1/8 Hof) abgerissen. Das wußte er, weil er das Gutachten des Landesdenkmalamtes vom 10. 5. 94 kannte und dessen Rechtsverbindlichkeit auch akzeptiert hat. Das schlechte Gewissen plagt ihn und so läßt er im nachhinein die Presse veröffentlichen, daß es sich nach seinen Recherchen um kein Weberhaus handelt. Dafür gebe es verschiedene Zeugen und Beweise, so seine Meinung: Seine Tante, ein früherer Bewohner und Nachbarn. Viele alte Wainer Bewohner würden behaupten, daß »das Weberhaus in Wain nie ein Weberhaus war«. Nachdem die Öffentlichkeit in der Regel, den wörtlichen Inhalt eines Gutachtens vom Landesdenkmalamt durch die Presse nicht erfährt, soll es an dieser Stelle geschehen. Das Landesdenkmalamt Tübingen schreibt in seinem Gutachten vom 10. 5. 94 und in einem Schreiben vom 30. 8. 94 an den Autor:

»Wie schade, daß Ihr Kampf um das Weberhaus nun doch verloren ist. Es ärgert mich zwar auch, daß Herr Fromm mich indirekt der Unwahrheit beschuldigt, … er hat sich nur bislang zu wenig mit dem Thema beschäftigt, um das Gebäude richtig beurteilen zu können. Auch die von ihm aufgeführten Zeugen können sich natürlich nicht mehr daran erinnern, daß es sich einst um ein Weberhaus handelte.

Schon am Anfang unseres Jahrhunderts war die

Hausweberei als Handwerk nahezu ausgestorben. Jahrhundertelang war sie jedoch im Ulmer Raum der wohl wichtigste Wirtschaftsfaktor. Das im Gegensatz zu den umliegenden Orten protestantische Wain war von 1571 bis 1773 im Besitz der Reichstadt Ulm, die für ihren Markt die Hausweberei auf dem Lande förderte. In Wain gab es in der Mitte des 18. Jahrhunderts 16, in Bethlehem 15 und in Auttagershofen 3 Weber.

(Dazu kommen die Häuser Schweinhausen (Siebenstuben) und Neuhausen (auch in der Siebenerzahl), zwar ebenfalls in Bethlehem gelegen, aber 1749 gesondert verzeichnete »Gemächlen«, wo die meisten Bewohner ebenfalls Weber waren. 1612 wird erstmals eine »Weberschaft« genannt, für die die Reichstadt Ulm eine Garnsiede erbaut.) (W.-D. U.)

In Wain (mit Bethlehem und Auttagershofen) lebten in der Mitte des 18. Jahrhunderts allein 34 Weber.

(Mit Schweinhausen und Neuhausen dürften es über 40 gewesen sein.) (W.-D. U.)

Dieses Handwerk war hier noch bis weit in das 19. Jahrhundert hinein stark verbreitet. Es muß also angenommen werden, daß im Haus Obere-Dorfstr. 40, das 1856 erbaut wurde, nur noch für kurze Zeit gewebt wurde.

(Bei »Weberles Georg«, Auttagershofen, wurde noch bis zum Krieg gewoben; die Stoffe wurden damals nach Illertissen verkauft). (W.-D. U.)

Daß es jedoch ursprünglich als Weberhaus errichtet worden war, das heute noch anschaulich die Wohn- und Arbeitsverhältnisse dieser armen Bevölkerungsschicht widerspiegelt, dafür gibt es keine Zweifel:

1. Es entspricht in seinen Baumaterialien (massive Außenwände: schwere, gebeilte Hölzer im Dachgefüge) und seinem Grundriß einem jahrhundertelang gängigen Typus: der Haupteingang führt direkt in die Flurküche, dahinter liegt ein kleiner Viehstall. Südlich des Flures ist die Stube angeordnet, wo, wie üblich, eine Falltüre den Zugang zu der darunterliegenden Donk (wie der mit Balkenlage flach gedeckte Weberkeller genannt wird) verschließt. Hinter der Stube liegt die Kammer, eine weitere findet sich im Dachraum. (Der Scheunenteil wurde 1869 angebaut; die Stalldecke in späterer Zeit niedergelegt).

2. Der niedrige, flach gedeckte Keller, zugänglich über eine Falltüre in der Stube, kann nur ein Weberkeller sein, denn ein Vorratskeller hat seinen Zugang niemals von der Stube, sondern vom Flur oder der Küche aus. Ein ganz entscheidendes Charakteristikum der »Donken«, wie ich sie schon in großer Zahl im einstigen Ulmer-Land besichtigt habe, ist die Verbindung zu der Wohnstube.

3. Das feucht-kalte Raumklima in der Donk spricht nicht dagegen, daß hier gearbeitet wurde, sondern war zur Lagerung und Verarbeitung des Flachses unbedingt notwendig.

4. Auch die geringe Raumhöhe ist nicht ungewöhnlich für einen Weberkeller: da hier im Sitzen gearbeitet wurde, war mehr Platz nicht unbedingt notwendig.

5. Der Bauherr des Hauses Obere-Dorfstr. 40, Johannes Huber, war von Beruf Weber. Dies ist nachzulesen in den Unterlagen des Vermessungsamtes Biberach.

Das Weberhaus ist für Wain ein letztes Zeugnis der hier einst stark verbreiteten Landweberei. Es sollte daher Anliegen der Gemeinde sein, dieses ortsgeschichtlich relevante Gebäude zu erhalten. Im überregionalen

Vergleich genügt das Gebäude jedoch nicht den strengen Kriterien des Baden-Württembergischen Denkmalschutzgesetzes, so daß ein öffentliches Interesse an seiner Erhaltung von Seiten des Landesdenkmalamtes nicht formuliert werden kann. (K.–P.)

In einem Bericht des Chronisten Sebastian Franck (1499–1542) lesen wir »Die Schwaben machen ganze Mengen von Barchenttüchern und Leinwand; Frauen und Mägde, Männer und Knechte, spinnen und weben.« »Der Hauptmarkt für den Leinwandhandel in Schwaben war von 14.–17. Jahrhundert Ulm (Volz, S. 22). Und es liegt nichts näher, als daß die Land- bzw. Gäuweber von Wain, das ja in der Hauptblütezeit der Ulmer Leinenweberei zu Ulm gehörte, ihre Ware »uff die Schaw nacher Ulm« (Prüfung der Leinwand auf Güte durch besonders hierauf beeidigte Weber) bringen durften. Hier fanden sie leichten und vorteilhaften Absatz.

Bis zur Mitte des 18.Jahrhunderts nahm in Wain und Umgebung die Zahl der armen Selden gegenüber dem 16.Jahrhundert um rund ein Drittel zu (1749: 33 in Wain, 30 in Bethlehem). Sölde ist eine alte abgaben- und steuerrechtliche Bezeichnung für die Größe eines Hofes, hier eines Achtelhofes, der etwa 5 ha umfaßte, dazu etwa 3 Kühe, 1 Kalb, 1 Rind, 1 Schwein und Hennen.

Da Wain größtenteils aus Selden bestand, war fast jeder Seldner auch zugleich Weber. In der Donk, die nicht immer ein Fenster hatte, leuchtete ein brennender Holzspan, der auf einem Lichtstock, dem »Zünder« aufgesteckt war.

Wenn man bedenkt, daß die Ortsherrschaft und Gerichtsbarkeit, in diesem Fall die Grundherrschaft über das Anwesen der Gutsherr (d. h. der Baron) innehatte und ihm gegenüber Abgaben (der Zehent), Steuern und Frondienste geleistet werden mußten, so ist verständlich, wenn die Expertin vom Landesdenkmalamt bei dieser Weberselde als dem neben Schloß und der Kirche wichtigsten kulturhistorischen Gebäude der Gemeinde Wain sprach.

Wain hatte eine mindestens 300jährige Webertradition; diese ist allein durch den Stammbaum des Autors belegt. In der Wainer Unterweger-Linie gibt es 18 Weber. Der erste war Thomas, geboren 1640, der letzte Heinrich, gestorben 1922.

Die Weberselde war kein Schandfleck, sondern es ist umgekehrt eine Schande, ein kulturhistorisches Gebäude von solch großer ortsgeschichtlicher Bedeutung, einfach dem Erdboden gleichzumachen.

Es ist eine Überlegung wert, bis zur 350 Jahrfeier, zum Gedenken der protestantischen Exulanten aus Kärnten und Steiermark, im Jahre 2000, dieses Weberhaus nach alten Plänen wieder zu rekonstruieren, damit wir das alte Wainer Weberhandwerk und unsere Vorfahren in Erinnerung behalten. Denn wer der Zukunft eine Chance geben will, muß zuerst über die Vergangenheit nachdenken und sprechen.

Alte dörfliche Schönheit und Idylle, von hohem Wert für die Dorfökologie

Ein Bauernhaus aus der Zeit der Bauernbefreiung (Reischenhof)

Alte Bauernhäuser

Wo ist der Bauernstolz geblieben, die Freude am schönen Besitz?

Diese Frage stellt sich, wenn man heute durch in Jahrhunderten gewachsene Bauerndörfer geht. Nur noch wenige traditionsreiche Bauernhäuser haben den Kahlschlag der letzten Jahrzehnte überlebt. Einstmals alltägliche Schönheit ist dem Rationalisierungswahn zum Opfer gefallen. Planer, Behörden, das Bauhandwerk und nicht zuletzt die Bauern haben fast völlig vergessen, daß es jenseits aller Wirtschaftlichkeit auch landschaftsbezogenes Bauen und Bewahren gibt. Gewachsene Baukultur wurde nicht fortentwickelt, sondern so behandelt, als hätte es sie nie gegeben. So gut wie nirgendwo wurde ernsthaft der Versuch unternommen, die altbewährte Bauweise fortzuführen. Appelle des bayerischen Landwirtschaftsministers Dr. Eisemann auf einer Tagung der Bayerischen Architektenkammer 1977 in Rosenheim, sich intensiver mit guter landschaftsbezogener Bauweise auseinanderzusetzen, trugen nur wenige Früchte. Der Flächenbrand der Zerstörung bäuerlicher Baukultur weitet sich immer noch aus, genährt durch zunehmende Rationalisierungsmaßnahmen in der Landwirtschaft und damit verbundener Vernichtung weiterer bäuerlicher Betriebe. Traditionsreiche Bauernhöfe in einer in Jahrhunderten gewachsenen Kulturlandschaft fallen der Industrialisierung und dem wachsenden Bevölkerungsdruck mit großem Bedarf an Landschaft weiterhin zum Opfer. Der Wohlstand und das wirtschaftliche Wachstum haben zum Verschwinden wertvoller kulturhistorischer Bauernhäuser geführt.

Durch die aufkommende Mechanisierung, welche die seit altersher bewährten Arbeitsbedingungen und Arbeitsformen ablöste, ging die alte Bautradition zu Ende. Viele Bauern rissen ab, was ihre Vorfahren bauten, versteckten das alte Fachwerk hinter Eternitplatten oder verputzten zumindest die Fachwerkwand.

Man kann es niemanden verübeln, lieber in einem neuen, als in einem alten Haus zu wohnen. Muß man aber dennoch alte Häuser, deren Ausstrahlungskraft von neugebauten selten erreicht wird, einfach abreißen? Es ist dringend erforderlich, die Besitzer über den hohen kulturgeschichtlichen Wert ihrer alten Häuser besser aufzuklären, damit nicht noch mehr Zeugnisse unseres ländlichen Erbgutes unwiederbringlich verlorengehen. Zunächst müßten wir unsere Augen für die traditionelle Schönheit öffnen, den Blick für den optischen Reiz des Althergebrachten schärfen und die gewonnenen Eindrücke bei der Renovierung umsetzen. Denn nur so kann vermieden werden, daß ein

Der Wohlstand führt zum Verschwinden kulturhistorischer Bauernhäuser

traditionsreiches Bauernhaus mit Kunststoffläden, Blech- und Eternitfassaden und »seelenlosen« Türen und Fenstern totsaniert wird.

Kaum nachvollziehbar ist die Tatsache, daß in Friedenszeiten mehr Bauernhäuser dem Erdboden gleichgemacht wurden als zu Zeiten des Zweiten Weltkrieges. Was dieser schreckliche Krieg nicht vermochte, wurde in den letzten 40 Jahren mit großer Gründlichkeit nachgeholt. Nicht in die ländliche Umgebung passende Banken, Geschäftshäuser und aufdringliche Einkaufscenter drängten mit ihrer überall gleichen Häßlichkeit in die Straßen der Dörfer und zwischen altangestammte Bauernhäuser. Mit der Begründung, daß mehr Einwohner auch mehr Fördermittel bedeuteten, um Straßen zu erweitern und soziale Einrichtungen zu erstellen, überzeugte man die Bewohner von diesen Vorhaben. Kurzum, den Dorfbewohnern gehe es dann besser. Dies würde den Umkehrschluß zulassen, daß es den Stadtbewohnern gutgeht und den Großstadtbewohnern noch besser. Das Leben auf dem Lande hätte also schlechte Karten. Idylle, Überschaubarkeit und naturnahes Leben sind für die Flucht aus der Stadt keine Erklärung. Was aber dann?

Die Attraktivität des Lebens auf dem Land ist trotz allem nicht dieselbe wie die der Stadt. Unterschiedlichkeiten sollten in Zukunft differenzierter gesehen und von den Behörden auch beachtet werden. Dazu gehört, daß die Entscheidungsträger den Mut aufbringen, wieder mehr Qualität als Quantität ins Dorf zu bringen. Für naturgemäß arbeitende Bauern muß das Existenzrecht im Dorf gesichert werden. Der Rationalisierungsdruck muß zurückgenommen werden, damit der Bauer nicht immer zu weiterer Expansion gedrängt wird und seinen angestammten kulturhistorischen Platz mit dem traditionsreichen Hof erhalten kann. Es ist Aufgabe der Politiker, nicht nur landschafts- und umweltzerstörende Großbetriebe zu fördern, sondern die Landwirtschaft in ihrer Gesamtheit in Form von Voll-, Zu- und Nebenerwerbsbetrieben zu erhalten. Die kleinteilige Betriebsstruktur althergebrachter Bauernhöfe gilt es zu sichern, durch politische, finanzielle und moralische Förderung. Dann wird der Bauer wieder seinen Stolz zurückgewinnen und sich seines schönen Erbes erinnern. Auch die Restaurierung und Sicherung eines historischen Bauwerkes wird er sich dann leisten können.

Alte Bauernhäuser haben ein typisches Gesicht, das über Jahrhunderte langsam gewachsen ist. Von Landschaft zu Landschaft, geprägt durch den Charakter seiner Bewohner, unterscheiden sie sich, – von Norden nach Süden, von Osten nach Westen. Durch Verwendung von Materialien aus der Umgebung schufen die Bauern ein regional verschiedenes Bauernhaus. Traditionelle Bauformen haben sich stetig entwickelt. Die Bauernhäuser ähnelten sich, doch jedes für sich war ein unverwechselbares Individuum. Das Material und der Charakter seiner Erbauer drücken dem Bauernhaus den Stempel des Einzigartigen auf. In Deutschland entstanden so um die 30 verschieden geformte Bauernhaus- und Hoftypen. Ein Schwarzwaldhof hat ein anderes Gesicht als ein Bayerischer Vierseithof und ein Bauernhof im Schleswiger Land ist nicht mit einem Altoberschwäbischen Eindachbauernhaus zu verwechseln.

Deutsche Kultur, wie die auch anderer Länder, nahm auf dem Lande bis in die Mitte dieses Jahrhunderts in den unterschiedlichsten Regionen überwiegend durch Bauernhäuser konkrete Gestalt an. Sie bestachen durch eine Vielfalt an handwerklicher, künstlerischen Ausgestaltung und wegen ihrer harmonischen Einfügung in die jeweilige Kultur- und Dorflandschaft. Natürliche Baumaterialien aus der Umgebung, wie Holz für die Balken, als Bretter und Schindeln, Bruchsteine, massiv für das Fundament oder als Platten für das Dach, Lehm für Ziegel und Dachplatten, trugen einzeln und in Kombination dazu bei, daß man sich im Bauernhaus wohlfühlen konnte und dauerhaft heimisch wurde. Man trennte sich, sofern nicht widrige Umstände von außen einwirkten, von solch einem organisch gewachsenen Bauernhaus nicht, nur weil es alt geworden war. Schadhafte Stellen setzte der Bauer selbst wieder in Stand oder mit Hilfe eines Handwerkers aus dem Ort.

Solche durch lange Bautradition sich zu einem organischen Ganzen entwickelten Bauernhäuser lenken immer wieder unser Augenmerk auf sich und regen zum Nachdenken an. So bedeutsam sie wegen ihrer äußeren und inneren Gestalt für Gegenwart und Zukunft sind, so geben sie darüber hinaus auch Auskunft über die Überlebensstrategien jener Zeit. Gab es damals doch nur begrenzte Mengen an Energie und natürlichen Baumaterialien für die Räumlichkeiten der Menschen und Tiere.

Menschliches Handeln, Wirtschaften und Bauen sind aus den natürlichen Gegebenheiten der Umgebung, des Klimas und der landschaftstypischen Region erwachsen, wie auch historische Ereignisse und Entwicklungen den Einzelnen beeinflußten. All diese Faktoren machen deutlich, wie vielfältig die Einwirkungen von außen schon früher waren und zur Bildung von unverwechselbaren Bauformen einer Kulturlandschaft beitrugen.

Um letzte Reste, mehr noch um Verluste an gewachsener Bausubstanz geht es in diesem Buch; es geht um kulturhistorisch wertvolle Bauernhäuser, die von Unwissenden als Schandflecke deklariert werden. Diese unverwechselbaren Bauten gilt es aber zu erhalten, damit die nachfolgenden Generationen von der Kultur und Tradition ihrer Vorfahren lernen können.

Halbherzige Bemühungen von Seiten der Behörden um den Erhalt historischer Bauernhauslandschaften und wohlgemeinte Ratschläge für landschaftsgerechtes Bauen helfen nicht wirklich weiter und sind nur ein Tropfen auf den heißen Stein, solange das Bauernsterben unvermindert weitergeht. Der Bauer sieht keinen Sinn in der Substanzerhaltung, wenn er finanziell dazu gar nicht in der Lage ist.

Auch die Bauern sind gefordert, sich wieder ihrer Herkunft zu erinnern. Nicht alle Werte und Güter, die die Vorfahren unter Mühen erschaffen und ihnen vererbt haben, sollten leichtfertig gegen oft minderwertige materielle Dinge eingetauscht werden. Abgerissen ist das Haus an einem Tag, aber für die Erstellung floß unsäglicher Schweiß und viele Menschen arbeiteten mit daran.

Bevor man sich unüberlegt für den Abbruch entscheidet, sollte zuerst ein auf Restaurierung spezialisierter Experte zu Rate gezogen werden. Eine Restaurierung muß nicht immer teurer sein als ein Neubau. Ein wiederhergestelltes Gebäude erfährt immer auch eine Wertsteigerung. In der heutigen Wegwerfgesellschaft machen es sich die Architekten oft zu leicht, wenn sie für einen Neubau plädieren. Sanieren ist eine

Traditionelle Bauformen prägen das Gesicht einer Landschaft

Auch Botts Haus fiel der Aufräumeuphorie zum Opfer

gleichermaßen konservative wie moderne Geisteshaltung und erfordert ganzheitlich denkende Menschen.

1848 wurde die bäuerliche Unfreiheit beendet, die grundherrlichen Belastungen aufgehoben und die Bauern freie Eigentümer von Grund und Boden. Noch nie war der Bauer solange frei, noch nie hat er sich so schnell und leichtfertig wieder in eine neue Abhängigkeit und Unfreiheit begeben, seinen Hof veräußert, um Fabrikarbeiter zu werden. Allzuschnell wurde und wird ein traditionsreiches Bauernhaus mitsamt Stall zur Wohnung umgebaut. Vom einstigen Bauernstolz ist dann nicht mehr viel übriggeblieben. Ersatz dafür sind ein neues Auto, ein modernes Heim mit Garten und teure Fernreisen.

Eines aber haben die alten Häuser und die neuen gemeinsam, sie leiden beide unter Liebesentzug. Dem alten Bauernhaus wurde die Liebe vorenthalten und somit dem Verfall preisgegeben. Der Putz bröckelte ab, durch das Dach regnete es herein, der Fensterladen hing schief, die Tür schloß nicht mehr richtig, und die Dachrinne war löchrig geworden. Das Haus liebevoll zu pflegen, wieder in Stand zu setzen, darin sah der Bauer keinen Sinn mehr. Die Liebe und Zuneigung, die er seinem alten Haus entzog, wurden dem neuen Heim zuteil. Mit großen finanziellem Aufwand und körperlichem Einsatz baute er sich sein Wunschhaus. Das war aber kein Bauernhaus mehr. Jeder in der Straße besitzt ein solches Einheitshaus mit einem pflegeleichten Rasen. Das alte, in der Nachbarschaft noch verbliebene, muß darum auch weg. Es stört, es ist zum Schandfleck geworden. Hoffentlich ist in der Nachbarschaft noch wenigstens einer, der es wagt, dagegen aufzubegehren und darauf hinzuweisen, daß es ein historisches Bauernhaus ist, das vielleicht letzte im Dorf, ein Haus mit einer fast unendlichen Geschichte – ein wertvolles Dokument unserer Geschichte und Ahnen:

Das Ahnehaus

Eine Erinnerung von Carline Bé

Als sie mit dem Fahrrad um die Ecke bog, stockte ihr der Atem. Statt des alten Bauernhauses stand da eine fremde gelbe Wand. Sie schnappte nach Luft. Dann erst bemerkte sie die Lücke zwischen den Häusern, die Trümmer, Steinquader und Balken, Eichenbalken, dazwischen Schutt, Steinstufen, eine Holztreppe, Fensterrahmen, Glassplitter, Dachziegel und überall dazwischen ragten Balken empor. Sie stieg ab.

Geht man so mit einem Haus um, das eine Familie mit zwei kleinen Mädchen nach dem Krieg freundlich empfangen und trotz aller Enge aufgenommen hatte? Ihr war danach, einen Blumenstrauß auf den Schutthaufen zu legen. Aber morgen würde bestimmt schon alles beseitigt sein, damit an dieser Stelle Eigentumswohnungen entstehen könnten. 12 Eigentumswohnungen, wo vorher Haus, Scheune, Kuhstall, Hühnerställe, Holzschopf, Waschküche, Dreschmaschinenschuppen gestanden hatten, der Garten mit den Obstbäumen, Nußbäumen und Blumen. Am schönsten waren die weißen Lilien gewesen, am besten hatten die Geißhirtle geschmeckt.

Geht man so mit einem Haus um, in dem die Großeltern sich nicht anmerken ließen, wie eng und karg es wurde, als nach dem Krieg der Sohn mit Frau, zwei kleinen Mädchen und ein paar Koffern ankam? Man rückte zusammen und machte Platz, obwohl für die verwitwete Schwiegertochter mit zwei Buben, den

Seine Gestaltung ist ein Stück lebendige Kulturgeschichte

Einer acht's, der andere verlacht's, der dritte betracht's

Ländliche Kultur und Natur im Einklang

Ein Hofbaum, früher eine Selbstverständlichkeit – und heute?

kranken Sohn, die unverheiratete Tochter ohnehin kaum genug Raum und Essen vorhanden waren.

Hatten wirklich all die Gebäude des bäuerlichen Anwesens auf dem Platz gestanden, wo jetzt der Schutthaufen lag? Wie ist es möglich, daß auf diesem kleinen Stück Land so viele Menschen miteinander gelebt hatten?

Geht man so mit einem Haus um, in dem Erinnerungen von Generationen herumgeisterten, wo man noch Spuren von Ahne und Ähne sah, wenn man es betrat?

Oben auf dem Schutthaufen stand ein Bagger. Wie ein Triumphator nach vollbrachter Tat.

Als sie vor ein paar Wochen für den eigenen Kachelofen das noch im Holzschopf des alten Anwesens befindliche Brennholz hatte holen dürfen, war sie in den Gebäuden herumgegangen, im Haus, in der Scheune, im Keller, in Schuppen, auf wackligen Leitern und morschen Stiegen. Und überall hatte sie den guten Geist von Ahne und Ähne gespürt, der sogar die Jahrzehnte überdauert hatte, in denen er nicht mehr gepflegt worden war. Er hatte sich nicht aussperren lassen wie die Schwalben, deren herzförmige Einfluglöcher im Scheunentor mit alten Lappen zugestopft wurden, weil sie viel Dreck auf den Scheunenboden machten.

Da waren die Großeltern längst tot. Und mit den Alten Freigebigkeit und Güte verschwunden. Das Haus hatte eine Ahnung von ihnen festgehalten. Es übte, als sie darin herumging, einen fast frommen Zauber aus.

Die »Besitzer« hatten zu diesem Zeitpunkt schon alles vernichtet, was ihnen wertlos schien. An zwei Nachmittagen brannte im unteren Obstgarten stun-

Erinnerung an ein Gleichgewicht zwischen Natur und bäuerlicher Arbeit. (Wain)

denlang ein Feuerstoß von mehreren Metern Höhe. »Einen Elefanten hätte man braten können«, berichtete der Vetter stolz.

Geht man so mit einem Haus um, wo einst das Obst in der Rübenmühle zerrupft und in der großen Mostpresse zu herrlichem Saft gepreßt wurde? Wo die Nachbarn mit leeren Krügen kamen und mit gefüllten wieder heimgingen? Wo die Kinder an allen Ecken und Enden gebraucht wurden, helfen mußten, nein: durften, und – von der Ahne gelobt wurden?

Als fast alles ausgeräumt und verbrannt war, hatte man sie gefragt, ob sie noch irgendetwas haben wolle.

Auf der Bühne, in einer dunklen Ecke zwischen den Dachsparren, entdeckte sie ein Butterfaß, das der Vernichtung entgangen war. Ein Butterfaß aus Holz mit eisernen Bändern und Holzflügeln im Innern. Das Herz geht ihr wieder auf, wenn sie es nun in ihrem Zimmer stehen sieht. Außerdem fand sie ein Holzwägelchen mit Deichsel, von dem eines der vier Speichenräder nicht mehr auffindbar war. Mit diesem Kärrele hatten die Kinder die strohgeflochtenen »Schaubkrättle« mit dem Brotteig zum Bäcker gefahren und wieder abgeholt. Die Ahne hatte ein solches Gefährt nicht nötig gehabt: sie trug je einen Korb rechts und links unterm Arm und den dritten balancierte sie mit einem Baust auf dem Kopf.

Geht man so mit einem Haus um, wo sie, das »Flüchtlingskind«, den einheimischen Schulkameraden, um sich beliebt zu machen, in der Scheune die jungen Hunde gezeigt hatte, die dann plötzlich, bis auf einen Einzigen, auf rätselhafte Weise verschwunden waren?

Zwei Spinnräder zog sie bei ihren Erinnerungsgängen unter Brettern, leeren Holzkisten und einer Wäschepresse hervor. Zertrümmert von all dem Zeug, das man draufgeworfen hatte. Und sie erinnerte sich, daß sie vor Jahren die Tante gefragt hatte, ob nicht noch irgendwo ein Spinnrad, eine Spindel, oder eine der schön gedrechselten Kunkeln sei. Nein. Man habe nichts mehr von ›früher‹.

Einen Korb voller Beile, Äxte, Hacken ohne Stiele sah sie in der Scheune. Und wie oft hatte man, als die junge Familie damals endlich in eine eigene Wohnung umziehen konnte, gefragt, ob nicht aus der Fülle des landwirtschaftlichen Betriebs irgendwelche Geräte übrigseien, die man sonst kaufen müsse. Geld gab es nur für die allernotwendigsten Dinge und manchmal flossen heimlich Tränen beim Abendessen, wenn nur für den hart arbeitenden Vater Wurst oder ein Stück Käse auf den Tisch kamen.

Nichts war übrig. Nur die Dinge seien da, die man selber brauche.

Sie entdeckte verrostete Gabeln, abgebrochene Hakken, Rechen mit wenigen Zähnen, Schaufeln, Sicheln, Sensen, alles in Mengen, alles aus der Zeit, in der die mit fast nichts Angekommenen es gut hätten brauchen können, damals, als es noch brauchbar war, gut imstand und im generationenalten Bauernanwesen in Hülle und Fülle vorhanden. Man hatte die Dingen lieber verkommen lassen, als sie mit den ungebeten Zurückgekehrten zu teilen. Später, als sie selbst einen Haushalt hatte, schenkte ihr die Tante für den Garten eine Gabel – sie hatte zwei ganze und einen halben, abgebrochenen, Zinken. Die kaputten Sachen für die Verwandtschaft, die guten zum Verrosten und Verrotten.

Geht man so mit einem Haus um, in dem einst das

Unsere Vorfahren haben durch eine solide und schlichte Bauweise überzeugt

Im Dreiklang: Hausbaum, Staketenzaun und Fachwerkfassade

Motto der Ahne geherrscht hatte: »Die Dinge, von denen man etwas verschenkt, gehen einem nie aus«. Die Ahne hatte von allem, was Feld und Stall, Bäume und Garten erbrachten, und was sie von anderen geschenkt bekam, einen Teil weitergegeben. Oft einen so großen, daß die Mitbewohner murrten.

Bei den Fliegerangriffen, erzählte eine Base, seien die Nachbarn von allen Seiten, aus den noch ärmeren Bauernhäusern, zu ihnen in den Keller gekommen, weil man wußte, auf der Brothang gab es immer ein paar Laibe und niemand ging heim, ohne ein Stück Brot und ein Glas Most bekommen zu haben.

In dem riesigen gewölbten Keller unter der Scheune standen noch zwei leere Krautstanden und ein großer Topf, der früher zum Einlegen von Kalkeiern gedient hatte. Drei herrliche Steinguttöpfe. Sie schleppte die Töpfe hinauf in die Scheune. Der Vetter nahm sie mit nach Hause. Sie hatte vor Jahren einen ähnlichen bekommen, der von oben bis unten einen Riß hatte und deshalb nicht mehr zu gebrauchen war. Nun steht er im Sommer vor der Haustür, bepflanzt mit einer leuchtendroten Fuchsie.

Geht man so mit einem Haus um, in dem eintägige Küken in einem Holzkasten neben dem Öfchen gepiepst und gescharrt hatten, in einer Bühnenkammer, in der man zu viert, zu fünft schlief? Das war schon ein besonderes Glück, in einem beheizten Zimmer zu schlafen. Aber nicht für die Menschen wurde geheizt an kalten Tagen, sondern für die Küken, und nur, bis sie groß und kräftig waren und bis es warm genug war, sie in den Hühnerstall umzuquartieren.

Sicher, die Balken zwischen dem Kuhstall und der Wohnung darüber waren morsch gewesen. Vor ein paar

Jahren schon hatte man die Decke zwischen Stall und Stube erneuern müssen. Die Wärme des Kuhstalls hatte in den alten Bauernhäusern wie eine Art Fußbodenheizung gewirkt. Neben der Stube gab es noch die Kammer (das Schlafzimmer), die Küche und die Veranda. Das ganze Leben spielte sich in der Küche am großen Tisch mit der Bank ab. Nur am Sonntagnachmittag und an manchen Abenden saß man in der Stube. Im oberen Stockwerk gab es noch drei Schlafkammern, die eine davon mit eisernem Öfchen. Und darüber eine Bühne, auf der – so erinnerte sie sich, als sie nun in diesem völlig leergeräumten Raum stand – allerhand Gerümpel, altes Mobiliar, ein Harmonium und eine Kiste mit Büchern gestanden hatten. »Wo habt ihr all die Dinge hin?« fragte sie die Besitzer, ihre Vettern. Die Bühne hatte zwei Giebelfenster. Zum hinteren hatte man alles, was nicht zu sperrig war, hinausgeworfen. In die Nähe des Feuerstoßes. »Zusammengeschlagen und verbrannt«, diese Worte klangen in ihren Ohren nach.

Geht man so mit einem Haus um, in dem es auf der Bühne noch nach Frucht roch, obwohl seit vielen Jahren kein Weizen, kein Hafer mehr dort oben gelagert wurde?

Einen großen Mehltrog hatte sie noch vor dem Feuer gerettet und Mehl- und Fruchtsäcke; Leinensäcke, gewoben aus dem selbst angebauten Flachs. Jahreszahlen waren aufgedruckt, der Name des Großvaters und manchmal Bilder: ein Pflug, Ähren. – Eigenes Linnen. – Die leuchtendblauen Leinfelder hatte sie noch selbst gesehen, als sie mit ihrer Familie aus der zerbombten Großstadt hierhergekommen war. Sie erinnerte sich an die Erzählung der alten Base vom Flachs, der in unzähligen Arbeitsgängen zum gesponnenen Faden und

Fachwerk mit Holzflechtwerk und Lehmbewurf

Lehmflechtwerk – die älteste Art, ein Gefach zu schließen

Sollen wir zukünftig alte Häuser nur noch in Freilichtmuseen sehen dürfen?

Beim Hausbau wurde Material aus der Umgebung verwendet

schließlich zu Stoff wurde – »flä'se's Tuech«, nannte sie's. Welche Geräte dazu notwendig und vorhanden waren? Sie suchte nach den Hecheln, der Breche, den Kunkeln. Sie suchte auf dem Bretterboden über dem Kellerabgang, in der Scheune, im Holzschuppen, auf dem Boden des ehemaligen Dreschschuppens. Nichts mehr war da. Altes Holz brennt gut.

Dennoch entdeckte sie etwas Unerwartetes. Einen uralten Brotschrank, er stand zwischen Kellergang und Waschküche unter einem Vordach. Das Türchen hing offen im Scharnier. Sie öffnete die Schubladen. Lederriemen, Kuhketten, Wagenschmiere, Bremsenöl, ein Stück Seife, Nägel ruhten hier seit Jahrzehnten zwischen Mausdreck und Spinnweben. Auch ein Büchlein »Lieder für den deutschen Jüngling« fand sie. Sie nahm es in die Hand, etwa ein Viertel fehlte; die obere linke Ecke, akkurat im Halbkreis abgefressen von Mäusen, bröselte auf die Erde. Sie blätterte vorsichtig die erste Seite um, da stand in schöner Sütterlinschrift, mit Tuschefeder gemalt, der Name und das Geburtsdatum ihres Vaters. Sie steckte es behutsam in die Tasche. Dann erst sah sie sich den Schrank genauer an. Ob der noch zu retten wäre? Staubig, schmutzig wie sie war, ging sie zum in der Nähe wohnenden Restaurator, schleppte ihn in das alte Gehöft, vor den Brotschrank. Der Mann schüttelte den Kopf, nein, der sei nun wirklich zu sehr vom Zahn der Zeit zermürbt. Dank der Wurmlöcher konnte man an manchen Stellen durch das Holz hindurchsehen.

Der Schrank war dann doch zu retten. Der Restaurator, ihre Enttäuschung bemerkend, machte sich noch einmal Gedanken und war dann bereit, seine ganze Kunst und viel Zeit einzusetzen. Der Schrank steht heute nach den vielen Jahren der Verbannung auf einem Ehrenplatz in der Diele ihrer Wohnung. Aber das ist eine andere Geschichte.

So geht man mit Erinnerungen um …

Mit Sicherheit ein Fall für die Denkmalschutzbehörde

Die Hinterhofidylle: ein spezifischer Biotop auf dem Bauernhof

Hinterhofidylle

Ein wichtiger Beitrag für die Dorfökologie

Die ökologische Situation des traditionellen Dorfes entspricht anderen natürlichen Ökosystemen. Menschliche Einflüsse brachten es nicht aus dem Gleichgewicht. Ökologische Gemeinsamkeiten mit einer extensiv bewirtschafteten Wiese, einem Naturwald oder einem Teich sind bei näherer Betrachtung auffällig. Das alte Dorf versorgte sich wie ein Teich größtenteils selbst mit Nahrung, Rohstoffen und Energie. Bei beiden Ökosystemen schließt sich der Stoff- und Energiekreislauf wie in anderen natürlichen Lebensräumen. Grüne Pflanzen produzieren mit Hilfe von Sonnenlicht, Wasser und Kohlendyoxid Pflanzenmasse und Sauerstoff. Beide Stoffe werden von Tieren verbraucht und nach deren Absterben wie auch die Pflanzenreste zu Kohlendyoxid, Wasser und Mineralsalzen abgebaut. Die Produzenten (Pflanzen) durchlaufen mit den Konsumenten (Tiere), unterstützt von Reduzenten, den Kleinlebewesen des Bodens, einen geschlossenen Kreislauf. Ein solches biologisches Gleichgewicht gab es auch im alten Dorf. Feld- und Gartenfrüchte wurden direkt oder durch die Tiere als Fleisch gegessen. Organische Abfälle wurden an Schweine und andere Tiere verfüttert und erreichten auf Umwegen wieder den Endkonsumenten der Nahrungskette, den Menschen. Was zu viel erzeugt wurde, verkaufte er an die Handwerker im Dorf. Tierische und menschliche Ausscheidungen kamen aufs Feld und in den Garten, zersetzten sich und wurden von den neu heranwachsenden Pflanzen aufgenommen. Der Stoffkreislauf war geschlossen.

An diesem dörflichen, biologischen Gleichgewicht war die Landwirtschaft mit ihren ökologisch ausgeglichenen Arbeitsabläufen maßgeblich beteiligt. Auch der lebendige Bauernhof war ein Glied in dieser Kette, ein wesentliches Element des Lebensraumes Dorf.

Im Zusammenspiel der geografischen und klimatischen Gegebenheiten, der Bedürfnisse der Bewohner und einer gewachsenen Tradition, ist der Bauernhof die kleinste elementare Zelle des Dorfes. In seiner Nüchternheit, Zweckmäßigkeit und Angepaßtheit an die Umgebung schließen Haus und Hof eine Vielfältigkeit ein, die ein reges Leben ermöglicht. Mensch, Tier und Pflanzen leben auf engstem Raum zusammen, jeder nimmt und gibt.

Wie aber war die Ökoinsel »Bauernhof« strukturiert, daß sie ein solch reiches Leben in sich bergen konnte? Die ungewollte, natürliche Unordnung, das Nicht-Aufgeräumt-Sein bis ins letzte Eckchen, war

Die Zeit einer ökologischen und ethischen Tierhaltung ist gekommen

Ein Plädoyer für ein natürliches Hühnerleben

die Heimat einer mannigfaltigen Tier- und Pflanzenwelt.

Wie konnte sich all diese Pflanzen- und Tiervielfalt, auf dem traditionsreichen Bauernhof entwickeln und dauerhaft am Leben erhalten? Viele der Tiere und Pflanzen mußten sich an ihren neuen Lebensraum anpassen. Waren sie doch zuallererst als Wildtiere und -pflanzen in der freien Natur heimisch. Im Hof fanden sie ähnliche Bedingungen wie in der Wildnis. Der Hausrotschwanz und die Mehlschwalbe waren einst Felsenbewohner, Sandbienen und Grabwespen siedelten auf Kiesbänken und an Sandufern der Bäche. Am Fuße einer Felswand, im Steinbruch und in der Kiesgrube waren Gänsefuß, Kamille und Königskerze heimisch. Sie alle fanden auf dem Bauernhof günstige Voraussetzungen: ein erträgliches Kleinklima, geeignete Nistorte, entsprechende Bodenverhältnisse, gute Ernährungsbedingungen, Schutz vor Feinden und den Widrigkeiten des Wetters.

Der Bauernhof unserer Vorfahren, so wie es ihn bis in die 60er Jahre gab, war mehr als nur die Summe seiner von Menschenhand errichteten Gebäude, mehr als ein großer Fachwerkbau mit Wohnteil, Scheune, Stall und vielen Winkeln, Nischen und Ecken. Er setzte sich aus den Baukörpern und den durch sie gebildeten Freiräumen zusammen. Beide bestanden aus natürlichen Stoffen. Die Baukörper waren aus Holz und Stein, Produkten, die die Natur lieferte, und die Freiflächen blieben selbst Natur. Je nach Nutzung waren sie von weniger hoher oder sehr hoher ökologischer Bedeutsamkeit.

Beispiele der Zerstörung von Kulturgütern und des Verlustes von Natur wie Reste dieser Ökonischen auf

Solche Hofräume sind ökologisch besonders wertvolle Nischen

Brennesseln – damit Schmetterlinge überleben können

Unkrautstandorte sind wertvolle Lebensräume

dem Großelternbauernhof zeigen die Bilder. Hinterhofidyllen waren früher auf dem Bauernhof von jedermann akzeptiert.

Beim Anblick des brennesselumstandenen, windschiefen Holzstapels scheiden sich heute die Geister. Solche der Natur überlassenen Flächen werden von den meisten Menschen als »Schandfleck« ohne jeden Nutzen bezeichnet. Sie kennen nur die peinlich sauberen Vorgärten, in denen das Bild einer »aufgeräumten« Welt eindrucksvoll demonstriert wird. Zur Rettung unserer Natur aber müssen wir uns von diesem durch Chemie und Technik »sauberen« Weltbild lösen.

An Haus- und Stallmauern und in der Nähe von Misthaufen und Jauchegruben steigt der Nährstoffgehalt des Bodens stark an. Reicht eine Wiese bis an das Gehöft, so wandern in diesen Wiesenbestand sogenannte Ruderalpflanzen ein. Pflanzenarten, die ihr Verbreitungsmaximum in der Nähe menschlicher Siedlungen haben. Die Purpurrote Taubnessel ist ein häufiger Vertreter in Ruderalpflanzengesellschaften. Bei dem hohen Versiegelungsgrad heutiger Agrarbetriebe mittlerweile ein seltener Anblick.

Rund um den traditionell bewirtschafteten Bauernhof gibt es Räume und Flächen, die untergeordnete Funktionen hatten und von Menschen selten oder gar nicht und wenn, dann nur extensiv genutzt wurden.

Dazu zählen alle Gebäude und Gebäudeteile, die sich selbst überlassen sind, wie Schuppen, Backhäuser, Bauernhäuser, Dachstühle, Kellerräume, Most- und Weinkeller, unbewohnte Austragshäuschen, Stadel, Holzstapel, Taubenschläge und Lauben. Auch Randstreifen an Hauswänden, Mauern und Zäunen, schmale Gebäudezwischenräume, Straßen- und Wegränder,

Kultur- und Naturreste vor der Zerstörung.
(Golfplatz/Wain)

Dieser Zehntstadel ist vor kurzem restauriert worden. Ein Gewinn an Heimat

Ein Bauernhof mit eigener Geschichte und Individualität

begrünte Wände, Hohlwege, Hecken, Böschungen, Tümpel und Teiche und deren Randzonen, Mergel- und Abfallgruben, alte Bäume und nicht zuletzt, aufgelassene Hofstellen.

Selbstverständlich ist die ökologische Wirkung dieser unterschiedlichen Strukturtypen um so höher, je weniger sie genutzt werden und desto natürlicher ihre Bestandteile sind. Ein Rohboden, wie eine Wiese oder Weg, hat eine höhere biologische Qualität, als eine gepflasterte Fläche, – auch wenn sie große Fugen hat. Ritzenreiche, mit Lücken versehene Wände, rangieren in ihrer biologischen Aktivität vor mit unbehandelten Brettern verkleideten Wänden. Alte Bäume vor jungen Bäumen. Trockenmauern vor verputzten Natursteinmauern. Ein altes, baufälliges Haus ist ökologisch wesentlich wertvoller als ein altes, noch gut erhaltenes. Ein mit biologischen Baumaterialien erbautes Haus ist lebensnaher als ein in konventioneller Bauweise erstelltes. Daß ein unbehandelter Holzzaun wesentlich nützlicher ist, als ein auf Betonsockel gesetzter, mit Kunststofflatten versehener Zaun, versteht sich von selbst. Ein natürlicher Bachlauf ist Biotop vielfältiger Tiere und Pflanzen; eine begradigte, ausbetonierte Rinne ist ein totes Gewässer.

Für die Natur hat der moderne Bauernhof katastrophale Folgen. Die Pflanzen- und Tierwelt ist bis auf wenige Arten verarmt. Der Naturhaushalt ist gestört und die Stoffkreisläufe sind unterbrochen.

Was ist in Zukunft zu beachten, um wieder die traditionellen Mitbewohner aus der heimischen Flora und Fauna auf dem Bauernhof heimisch zu machen?

1. Der Versiegelungsgrad von Flächen ist möglichst

Für Dorfökologen, Denkmalschützer eine Augenweide

Hinterhofidylle: Früher selbstverständlich, heute eine Schande

Dem »unaufgeräumten« Bauernhof ist der Kampf angesagt. (Sonnenbauer/Wain)

Alte Bauernhofstruktur mit hoher biologischer Wertigkeit

gering zu halten bzw. die Flächen sind wieder zu entsiegeln. Naturwege sind zu bevorzugen.

2. Unbehandelte Holzzäune mit natürlichen Abstandsflächen zur Straße errichten.

3. Altes Mauerwerk erhalten; wenn erforderlich biotopgerecht in Stand setzen.

4. Trockenmauern an Stelle von Betonmauern errichten.

5. Lesesteinmauern, Benjeshecken oder artenreiche, früchtetragende Sträucher errichten bzw. pflanzen.

6. Verputzte Mauern, Betonmauern, Silos mit Kletterpflanzen begrünen.

7. Alte Bäume, auch abgestorbene stehenlassen. Neue heimische, laubtragende pflanzen. Bei Obstbäumen auf hochstämmige, alte Lokalsorten achten.

8. Alte Gebäude erhalten und notfalls mit biologischen Materialien sanieren. Neue Bauernhäuser in naturnahen Materialien errichten.
Auch einmal zulassen, daß ein altes, kulturgeschichtlich nicht wertvolles Haus verfällt.

9. Auf Blumenrabatten, Nadelgehölze und exotische Blumen zugunsten einer heimischen Flora verzichten.

10. Pionierstandorte nicht mit Humus abdecken.

11. Hohlwege und Böschungen erhalten.

12. Holzstapel, Misthaufen, Moderplatz und Komposthaufen anlegen. Eine natürliche Unordnung drumherum zulassen.

Das ist ein Vorzeigebauernhof!
Prädikat: Nachahmenswert!

Je weniger die Nutzung, desto höhter die ökologische Bedeutsamkeit

Leben und leben lassen! Symbol des alten Bauernhofes

13. Traditionsreiche Bauerngärten anlegen, ökologisch bewirtschaften und auch seltengewordenen Kulturpflanzen einen Platz lassen.

14. Hochstammobstwiese anlegen und extensiv nutzen.

15. Tieren, wie Hühnern und Gänsen freien Auslauf gewähren.

16. Wiesenflächen nicht düngen, einmal und spät mähen.

17. Restflächen zwischen Gebäuden unberührt lassen; sie sind auch geeignet als Lagerflächen für organische Materialien wie Holz, Bretter und Ziegel.

18. Magerstandorte für seltene Wildpflanzen und Tiere schaffen.

19. Bäche nicht verrohren. Offenlegen und wieder naturnah gestalten. Dasselbe gilt für den zugeschütteten Weiher und den Tümpel.

20. Alle Biotope mit den vorgenannten Strukturelementen zu einem vollfunktionierenden Ökoverbundsystem vernetzen.

Wenn man all diese Ratschläge in die Tat umsetzt, dann ist der Bauernhof kein Schandfleck, sondern zeitgemäß, ökologisch, eine Quelle sich erneuernden Lebens und wird andere zur Nachahmung anregen.

Schuttsiedler haben als Wildpflanzen auch an der Hauswand ein Recht auf Leben

Das Flügelfenster hat sich auf dem Land erst nach 1650 durchgesetzt

Alte Fenster, Türen und Tore

Kostbarkeiten, die dem Haus erst seinen Reiz und sein Gesicht geben

Bis weit in unser Jahrhundert hinein wurden Bauernhäuser nach altbewährter Bautradition bis ins Detail, sehr einfühlsam und mit großem handwerklichen Können errichtet. Auf das Gesicht des Hauses wurde dabei besonderer Wert gelegt. Gerade die Fenster, die Augen des Hauses, wurden mit viel Liebe und Sachverstand gestaltet. So vielfältig die Augen der Menschen sind, sie ähneln sich alle. Aber dennoch ist keines gleich. Dieses Beispiel läßt sich auch auf die Fenster übertragen. In ihnen spiegelt sich der Charakter und die Seele des Erbauers und seiner Besitzer wider. Auch die Zeit, in der sie entstanden sind, läßt sich an ihnen ablesen. Eigenart und Aussehen des Hauses werden durch die Größe, Anzahl und Proportion der Fenster bestimmt. Die Harmonie der Giebelfront lebt vom Rhythmus der eingelassenen Fenster. Sie legen Zeugnis ab vom Stand handwerklicher Kunstfertigkeit aus der Zeit, als das Bauernhaus gebaut wurde. Jede Epoche und damit jeder Haustyp hatte die passenden Fenster.

Mittelalterliche Bauernhäuser kannten nur kleine, fast quadratische Fensteröffnungen, die oft keine konstruktive Beziehung zum Fachwerkaufbau hatten. Die meisten Fenster waren noch mit Schweinsblasen, dünnen Tierhäuten oder Tücher bespannt. Für die Stubenfenster setzte man damals schon Glas ein. Größere Glasfenster kannte man erst seit Ende des Mittelalters. Es leuchtet ein, daß aus energetischen Gründen die Häuser wenige und kleine Fenster hatten. Im 17. Jahrhundert setzte sich das verglaste Fenster langsam auch in Bauernhäusern durch. Von da ab konnten die Wohnräume besser erhellt und belüftet werden. Im Laufe der Jahrhunderte änderten sich die Konstruktionsformen. Aus einfach verglasten und aufschiebbaren Fenstern mit Klappläden, die Kälte und Nässe abhalten mußten, damit das Schiebefenster auch funktionsfähig blieb, entstanden vermutlich schon in den letzten Jahrzehnten des 16. Jahrhunderts die Flügelfenster. Bis ins späte 19. Jahrhundert kannte man an Bauernhäusern aber noch Schiebefenster.

Die Glasfenster, zunächst als Butzenscheiben in Blei gefaßt, waren teuer. Um sie vor Wind und Wetter zu schützen, brachte man zusätzlich Fensterläden an. Im 16. Jahrhundert war es auch Brauch, zu bestimmten festlichen Anlässen dem Bauern eine bemalte Scheibe zu schenken.

Lange Zeit mußten Fensterglasscheiben durch verschiedene Mundglasverfahren hergestellt werden und waren nur bis zu einer bestimmten Größe zu haben. In

In Harmonie: Fenster, Zaun und Fassade – nur aus Holz, Eisen und Glas

Fenster mit Fensterläden und Efeu geben Leben, Rhythmus und Farbe

Mode kamen auch gewölbte Scheiben, durch die man von innen nach außen, jedoch nicht umgekehrt schauen konnte. Von außen spiegelten sie und verzerrten den Einblick. Nachdem es möglich war, Flachglas herzustellen, wurden die genannten Fensterarten allmählich verdrängt. Die neuen nämlich waren billiger und konnten in beliebiger Größe hergestellt werden. Man behielt die Sprosseneinteilung, kleine Schieber oder Oberlichter zum separaten Öffnen bei. Die alten Butzenfenster verschwanden mehr und mehr. Im Unterschied zu heute wurde das Glas nicht eingekittet, sondern in eine Nut in den Fensterrahmen gelegt, verzapft und verdübelt.

Die Fenster wurden ab dem 18. Jahrhundert durch Verzierungen am Fensterrahmen und durch unterschiedliche Fensterläden verschönert. Drei Typen von Fensterläden haben sich herausgebildet: Der einfache, oftmals bemalte Bretterladen, der licht- und luftdurchlässige Lamellenladen und der mit einem durchbrochenen Ornament verzierte Kassettenladen.

Daß sich das Flügelfenster Mitte des 17. Jahrhunderts durchgesetzt hat, ist auch dem Aufkommen des Schmiedebetriebs zu verdanken. Dieser begann sich auf die Herstellung von Beschlägen, Schlössern, Bändern und Angeln zu spezialisieren. Die Beschläge hatten nicht nur funktionale Bedeutung, wie Bewegung, Verschluß und Stabilisierung, sondern wurden auch mit viel Kunstsinn und handwerklichem Können hergestellt. Sie waren viel zu kostbar, um bei einer Reparatur des Fensters einfach weggeworfen zu werden. Man verwendete sie immer wieder und kann sie noch heute an alten Fenstern vorfinden.

Solche von Handwerkern angefertigte Fenster haben auch das Innere der Räume verschönert. Außerdem

Höhe, Breite, Einteilung der Fenster, die Farbe der Fensterläden: alles paßt!

*Fenster mit Fensterläden machen ein Bauern-
haus liebens- und lebenswert*

gaben die Fenster der Bauernhäuser dem ganzen Dorf einen reizvollen Anblick.

Aber nicht nur die Fenster, sondern auch Türen verhalfen den Bauernhäusern zu einer einheitlichen, harmonischen Fassadengestaltung. Der Anfertigung der Türe wurde ab dem 17. Jahrhundert großen Wert beigemessen: Man achtete auf Form, Proportion, gute Handhabung und nicht zuletzt auf Schönheit. Johann Friedrich Mayer schreibt in einem 1773 erschienenen Lehrbuch für Land- und Hauswirte:

»... Das Haus des Bauren hat gemeiniglich vier, allezeit aber drey Thüren: drey vorn auf die Gasse und eine hinten: die hinten ist zu dem Gebrauche, aus der Scheune, die gemeiniglich hinter dem Hause erbaut ist, die Fütterungen zu langen, und ohngehindert ohne Umgang in den Hofe alles besser zu besorgen. ...

Stuben, Kammern und Ställe werden durchaus mit genugsamen Fenstern und Läden versehen, und alles nach einer sich überal gleichenden und abstechenden Schönheit, als bey dem Nüzlichen und Bequemen nur bestehen kan, erbauet. Es kostet das Schöne vielmalen nicht mehr als das, so nicht schön ist. Es ist ja eines, ob ich die Fenster, die Thüren und dergleichen in einem Ebenmaase, oder in der Unordnung anbringe.«

Die Haustür ist nicht nur die Visitenkarte eines Hauses, sondern hat eine symbolische Bedeutung. Zahlreiche Redensarten und brauchtümliche Handlungen verbinden sich mit der Tür wie zum Beispiel: »Jemand fällt mit der Tür ins Haus«. Oder: »Einer Sache werden Tür und Tor geöffnet«.

Der Eingang ist der Schritt ins Haus. Er lädt ein oder weist ab. Er kündigt an, man wird empfangen von Stimmungen, Farbe und Duft. Die Tür kann aber auch

Alte Fenster sind nicht nur volkskundliches Detail. (Fenster eines Kornspeichers)

Sie sind ästhetisch; erzählen von guten und schlechten Zeiten

Sie lassen wissen, daß dahinter geliebt und gestritten wurde

das Eintreten verhindern oder erschweren, sofern sie geschlossen ist oder keine Ausstrahlung hat. Sie ist der Händedruck des Besitzers und spiegelt dessen Seele wider.

Wie die Häuser, wie die Fenster so auch die Türen. Sie ähneln sich alle, und doch sind sie nicht gleich. Der Bauer und der Handwerker gaben sich meist große Mühe, etwas Besonderes, passend zum Bauernhaus, anzufertigen. Waren die Innentüren seit dem 17. Jahrhundert meist aus minderwertigerem Holz hergestellt, so wurde bei der Haustür auf höhere Qualität geachtet, denn diese mußte Wind und Wetter standhalten. Für den Türstock war behauener Granit keine Seltenheit. Während man den Innentüren durch Anstriche in verschiedenen Techniken ein schönes Aussehen gab und dadurch den Wert des Holzes steigerte, wurde dies bei Außentüren durch kunstvolle Schreiner-, Schmiede- und Glaserarbeiten erreicht. Innentüren bestanden in der Regel aus Fichtenholz; Eingangstüren fertigte man meist aus Eichenholz. Tür und Türstock wurden durch Ornamente, Initialien von Braut und Bräutigam und der Jahreszahl der Hochzeit geschmückt. Handwerker mußten bei der Anfertigung dieser Türen speziellen Anforderungen gerecht werden. Sie durften aufgrund von Feuchtigkeits- und Temperaturunterschieden nicht quellen, aber auch keinen allzu großen Schwund aufweisen. Ebenso mußte die Funktion des Schließens und Öffnens jederzeit gewährleistet sein. Seit Ende des 17. Jahrhunderts gab es eine einfache und geniale Konstruktionslösung. Die Tür erhielt einen hölzernen Rahmen, dessen Einzelteile miteinander verzapft wurden. In das feste Rahmenwerk sind die Füllbretter in Nut- und Federverbindung eingelassen. Das Holz hat ge-

Sich auf einen Ausschnitt konzentrieren, das ist Kunst. (Sonnenbauer/Wain)

Reizvoller Aspekt eines niederbayerischen Tennentores

Solch ein Anblick hat beim Verschönerungs-verein keine Chance – warum nicht?

Auf die Haustür hat man immer großen Wert gelegt

nügend Spielraum zum Schwinden und zum Quellen. Die Füllungen wurden in unterschiedlichster Art und Weise ausgeführt und mit Profilierungen und Verzierungen versehen. In den oberen Teil des Türrahmens setzte man auch mit Sprossen versehene Glasscheiben ein. Farbiges, strukturiertes und undurchsichtiges Glas wurde dabei bevorzugt. Ein vom Schmied kunstvoll angefertigtes Eisengitter zierte ebenso häufig den oberen Teil der Eingangstür. Auch vergaß man nicht, reich verzierte Beschlagbänder aus Messing und Blech an der Tür anzubringen.

Bis in die Zeit des Barock kannte man verdoppelte Türen, bei denen auf die ebene Holzfläche Bretter doppelt aufgenagelt wurden, so daß sie sich kreuzten.

Zur Anfertigung der Fenster und Türen war ein halbes Dutzend Handwerker verschiedener Berufssparten beschäftigt. Während der Steinmetz den Treppenaufgang und den Türstock fertigte, der Schreiner das Türblatt, Schmied und Schlosser die Beschläge, Schloß und Fenstergitter, der Glaser das Oberlicht einsetzte, der Maler das Holz anstrich, verzierte der Schnitzer das Türblatt mit Ornamenten.

Weniger Handwerker jedoch benötigte man zur Herstellung eines Tennentores. Schreiner, Schmied und der Maler genügten, da Tore meist aus einfachem Holz und Eisenbeschlägen bestanden. Zwei Formen waren üblich: rechteckige und rundbogige. Beide Torarten haben in der Regel zwei Flügel, von denen einer zur Hälfte geteilt ist, so daß Ober- und Unterteil getrennt geschlossen und geöffnet werden können. Als bevorzugte Schmuckform auf Tennentoren kennt man die Aufdoppelung. Schmale Bretter werden so auf die bretterne Torunterlage aufgedübelt, daß Sterne, Rauten

Die Türen sind wie die Fenster,
ähnlich und doch nicht gleich

Solch eine Tür wirft man nicht weg;
man restauriert sie

Auch Einfaches kann ein Kunstwerk sein

und andere Muster entstehen. Im Unteren Allgäu trifft man hin und wieder auf das Motiv der aufgehenden Sonne, deren Strahlen sich auf der oberen Torhälfte in Form von aufgenagelten Brettern verteilen. Anstatt der Sonne kann auch gelegentlich ein Herz stehen, von dem sich ebenfalls Bretter strahlenförmig über das Tor verteilen. Zur Verstärkung dieser Motive erhielten die Bretter einen farbigen Anstrich. Selten waren die Ornamente geschnitzt, häufiger bestanden die Dekorelemente aus aufgenagelten Brettern. Noch seltener trifft man bemalte Blechschilder an. Auch beschränkte sich die Bemalung nicht nur auf eine einfarbigen Grundierung, sondern man erreichte durch zwei kontrastierende Farben geometrische Strukturen. Diese Art der Motive ist einer rein handwerklichen Fertigkeit zuzuordnen. Zur Volkskunst am Tennentor zählt die manchmal anzutreffende figürliche Malerei. In Oberschwaben sind Adler, Pferde, Löwen, Reitersoldaten aus der Zeit um 1800 und der Doppeladler mit den Reichsinsignien, der an die ehemalige Zugehörigkeit an Österreich erinnert, reizvolle Ansichten der heimischen Volkskultur. Manch ein Bauer hatte nichts dagegen, wenn sich ein Maler oder auch ein begabter Knecht an der großen Fläche künstlerisch versuchte. Diese Malerei trug dazu bei, den Hof optisch vorteilhaft aufzuwerten.

Alte Fenster, Türen und Tore waren zu jener Zeit keine geschmacklose Massenware, sondern Kostbarkeiten, die einem Bauernhaus oft erst seinen Reiz gaben. Mit Sorge muß festgestellt werden, daß in den Nachkriegsjahren meist ohne zwingende Notwendigkeit im Zuge von Sanierungsmaßnahmen diese historischen Elemente eines Bauernhauses im wahrsten Sinne

Unsere Devise lautet: Restaurierung statt Abbruch!

Vielfältig sind die Schmuckelemente alter Türen

Die Aufdoppelung – eine bevorzugte Schmuckform auf Tennentoren

des Wortes »zum Fenster« hinausgeworfen wurden. Raritäten wanderten auf den Sperrmüll und den Schuttabladeplatz der Gemeinde. Haken, Ösen, Hebel und Riegel, kunstvoll mit großer Mühe angefertigt, fanden sich beim Alteisen wieder. Schön geformte Metallknöpfe mit ihren Rosetten und die ebenfalls verzierten Kippriegel interessierten kaum noch.

Nicht anders erging es den Fensterläden, die in großem Formenreichtum, in landschaftlich differenzierter Ausführung, die Bauernhausfassaden zierten. Den Bestand zu erhalten, dafür war man nicht sensibilisiert. Modernisierung war das Zauberwort. Anonyme Massenware ersetzte altes Kulturgut. Sie war aus Kunststoff, billig und pflegeleicht. An handwerklicher Kunstfertigkeit waren oft nur noch nichtbäuerliche Liebhaber interessiert.

Die neuen Türen und Fenster zerstörten die Harmonie und Schönheit des Bauernhauses. Große Fensterflächen waren zum Statussymbol geworden. Banales feierte Einzug auf dem Land. Die Industrie bietet eine große Vielzahl von Fenstern und Türen an. Ständige Änderungen in den Baunormen, einhergehend mit gesetzlichen Erneuerungen, lassen jedes neue Produkt binnen kurzem unmodern werden. So aufwendig heute die Herstellung ist, so kostenintensiv ist ihre Entsorgung als Sondermüll. Auch das ist ein Grund und macht es dringend erforderlich, sich von der Wegwerfkultur auf eine sanfte Erneuerungs- und Instandhaltungskultur zu besinnen.

Fenster, Türen und Tore zeigen selbst in ihrer Morbidität die unverfälschte Schönheit sowie den architektonischen Wert und machen verständlich, daß mit ihrer Zerstörung unersetzliche Kulturgüter verlorengehen.

So verlockend die Devise pflegeleicht und bedienungsfreundlich, energiesparend und schalldämmend auch ist, großflächige Verglasungen in moderner Fensterkonstruktion haben nichts in alten historischen Gebäuden zu suchen. Qualität und Tradition einer ganzheitlichen Architektur gilt es zu erkennen und zu erhalten.

Dem alten Haus wieder seine Augen und sein Gesicht geben, sich wieder dem Original hinzuwenden, ist das Gebot der Stunde. Die überlieferten Werte bewahren und sich mit der Bautradition auseinandersetzen. Dabei werden wir sehr schnell erkennen, daß alte, richtig restaurierte Bauernhäuser sehr wohl eine hohe Lebensqualität in sich tragen. Nicht nur wegen ihrer ästhetischen Harmonie, sondern auch gerade wegen ihrer natürlichen Baustoffe.

Ein Herz, von dem sich Sonnenstrahlen über das Tor verteilen

Alte Haustüren gewinnen an Schönheit im Verfall

Schweigsame Poesie:
Eine Kostbarkeit und keine Wegwerfware

Mit viel Kunstsinn angefertigte Haustür

Eine poetische Dokumentation – nicht nur ein Schopftor, auch ein Kunstwerk

Alte Bauerngärten sind Ausdruck für das Wissen im Umgang mit der Natur

Solche Bauerngärten braucht das Dorf

Sie sind ein Geschenk, ein Stück Garten Eden

Die Schönheit alter Bauerndörfer wird wesentlich von Bauerngärten mitbestimmt. Sie zeichnen sich durch eine friedvolle bäuerliche Einheit aus, in der ohne Einsatz von Chemie Gemüse, Gewürz- und Heilkräuter, Blumen und Beeren gedeihen. Eine praktische Einteilung ist das Geheimnis dieser Paradiese. Sie sind Ausdruck für das Wissen im Umgang mit der Natur. Als verzierte Nutzgärten im Dreiklang Nützlichkeit, Schönheit und Zweckmäßigkeit sind sie eine ökologische Nische im Dorfbereich.

Doch diese Gärten haben heute Seltenheitswert erlangt. Wo sind sie geblieben? Leise, für die meisten Dorfbewohner ganz unmerklich hat sich bei den Bauern die Wandlung vom verzierten Nutzgarten, dem ursprünglichen Bauerngarten, zum reinen Ziergarten vollzogen, in dem oft Sterilität bis ins letzte Eckchen und Sauberkeit bis ins Detail herrschen. Sie sind meist das Abbild des Wohnzimmers im Grünen und werden mit viel Mühsal und Chemie saubergehalten. Alles hat wie in der Wohnung seinen Platz und seine Ordnung. Diese neuen Bauerngärten tragen den Namen zu unrecht. Sie sind nicht wie die echten Bauerngärten Urbild einer intakten Umwelt, sondern spiegeln die gleiche Unnatur wider, wie sie uns allenthalben in Form von intensiv landwirtschaftlich genutzten Flächen, Zier- und Sportrasen und Rabatten umgibt. Blaufichten, Krüppelkoniferen und Waschbetontröge voller Katalogblumen stehen wie verloren auf dem säuberlich gepflegten Rasen herum. Jeder Gartenbesitzer ist überzeugt, daß es sein eigener, unverfälschter Geschmack sei. Und doch sieht alles wie beim Nachbarn aus. Einfallslos und etwas dürftig präsentiert sich der neue Gartenstil, mit dem bekundet wird, daß man mit der Zeit geht – einer Zeit der Naturzerstörung. Viele Bäuerinnen und Bauern sind leider noch weit entfernt vom neuerwachten, alten Naturverständnis und noch nicht bereit, vom Einsatz von Schädlings- und Unkrautbekämpfungsmitteln im eigenen Garten geschweige denn auf den Feldern und Wiesen abzulassen. Hier könnte und müßte gesetzlich Abhilfe geschaffen werden. Vorbildfunktion sollten öffentliche Anlagen und die Gärten von Personen, die im Mittelpunkt des gesellschaftlichen Lebens stehen wie Bürgermeister, Ärzte, Pfarrer und Lehrer übernehmen, in denen Unkraut am Gartenrand, unter Bäumen und Sträuchern wieder gedeihen kann. Dann würden auch Bauern mehr Mut zum wilden Grün aufbringen und sich alter bäuerlicher Gartenkultur erinnern.

Den heutigen Zeitgeist faßt Dieter Wieland treffend in Worte:

»Alles vom Teuersten. Und immer gleich das Sortiment. Blumen auf Wagenrädern, in Mostpressen, Leiterwagen und auf alten Schlitten. Immer etwas Neues, Uriges. Bei der rustikalen Masche. Einheitsgrün für die letzten Dörfer, die noch wie Dörfer aussehen. Der Gartenzaun: je unnatürlicher und häßlicher, desto besser; am liebsten abwaschbar. Gärten sind eine teure Leistungsschau von Prestigepflanzen.«

Naturentfremdet sind die »neuen Gärten der Bauern«. Und schön? *»Nur das grüne Dorf ist schön. Aber grün heißt Natur. Grünersatz in Dosen. Und Waschbetontrögen. Und knorrigen Baumsärgen«* meint Dieter Wieland zu Recht.

Der Aufruf »Unser Dorf soll schöner werden« wurde so verstanden: aufgeräumt, herzeigbar und ordentlich mußte alles sein. Sträucher wurden zurechtgeschnitten, in Reih und Glied gesetzt. Jedes selbst gewachsene Pflänzchen entfernt und damit der Bauerngarten zu Tode kultiviert. Obst und Gemüse waren billiger und leichter vom Supermarkt zu erhalten als aus dem eigenen Garten. Die Zeit der Selbstversorgung der Bauern ging zu Ende. Hausmittelchen zum Auskurieren einer Krankheit wurden durch Medikamente aus der Apotheke ersetzt. Die Kräuterecke schrumpfte, nur der Schnittlauch und die Petersilie überdauerten. So wird leicht verständlich, wenn man auf die Frage, warum man mit der Tradition des alten Bauerngartens gebrochen hat, immer wieder zu hören bekommt, daß er zu arbeitsaufwendig gewesen sei und sich das Pflanzen von Gemüse nicht mehr rentiere.

Mit der Auffassung, daß der Betrieb nach rationellen Gesichtspunkten zu bewirtschaften sei, wurde auch dem Garten seine letzte Daseinsberechtigung genommen. Eine rein rationelle Denkweise setzte sich durch, und die Bäuerin merkte lange nicht, daß ihr moderner, pflegeleichter Garten kaum weniger zeitaufwendig war. Nur einigen war bewußt geworden, daß die Bauerngärten, sind sie einmal für immer verschwunden, eines Tages schmerzlich vermißt werden. Denn ist es nicht immer so, daß man sich des wahren Wertes einer Sache erst dann voll bewußt wird, wenn man sie schon verloren hat? Wer hat denn noch alte Trachten, Kästen, Truhen, Spinnräder auf dem Speicher? Und heute bedarf es kaum eines Beweises, um den großen Wert dieser volkskundlichen Gegenständen zu erkennen.

Die Menschen auf dem Lande haben nicht nur ein Kulturgut verloren, sondern sich auch ihres Paradieses beraubt. Gott hat den Menschen in einem Paradies voller Pflanzen und Tiere erschaffen und nicht in einer Wüste. Diese Hülle und Fülle an Leben gab er ihnen nach der Vertreibung aus dem Paradies als Zeugnis und Hoffnung für die Erlösung und Wiederkehr in eine heile Welt. Im Umgang mit der Natur soll der Mensch lernen, sie nicht nur als Verbrauchsgut, sondern als Schöpfung Gottes zu betrachten, sie zu pflegen und zu erhalten. Dem Menschen wurde das Recht zugestanden, sie zu nutzen und die Pflicht, sie zu schützen. Dabei muß er sich bewähren. Im Kampf um das tägliche Brot sollte das Gute in ihm wieder erweckt werden und die Rücksichtslosigkeit nicht überhand nehmen. Denn mit der Ausbeutung und Vernichtung der Pflanzen und Tiere zerstört der Mensch auch sich selbst. Bemühen wir uns mit den Worten Franz von Assissis: *»Ein jedes Wesen in Bedrängnis hat gleiches Recht auf Schutz«* –

Aus ökologischen, ästhetischen und ethischen Gründen schützenswert

um mehr Naturschutz und sehen darin eine ethische Verpflichtung mit höchster Priorität.

Die Bauerngärten zeigen ein Stück Garten Eden. Es sind keine geschniegelten und gebügelten Gärten wie man sie in Bauernhofmuseen antrifft. Dem heutigen Zeitgeist erlegen, sind auch sie zu gepflegt und steril. Dennoch dokumentieren sie den regionaltypischen Charakter und helfen, ihn wieder als Kulturgut zu entdecken.

Bei den hier abgebildeten Bauerngärten geht es um mehr. Neben dem obligatorischen Gemüse, Blumen, Zaun und der klassischen Einteilung – oftmals durch Buchs verstärkt – haben sie darüber hinaus einen hohen Grad an Verwilderung und Natürlichkeit. Mit Wildkräutern durchsetzt wie verwunschene Gärten, wegen ihrer geringen Bewirtschaftungsintensität mit großer Pflanzenauswahl und -vielfalt sind sie ökologisch für das Dorf äußerst wertvoll. Als Kulturbiotope leisten sie einen besonders hohen Beitrag zum Fortbestand selten gewordener Kulturpflanzen, Wildpflanzen und -tiere.

In diesen arten- und strukturreichen, traditionellen Bauerngärten ist ein ganzjähriges Nahrungsangebot, nicht nur für die Bauernfamilie, sondern auch für viele Tierarten. Ausdauernde Stauden, die im Herbst nicht zurückgeschnitten werden, bieten Vögeln im Winter ein reichhaltiges Nahrungsangebot. Insektenlarven finden eine Überwinterungsmöglichkeit. Auf Mineraldünger, Pestizide, Herbizide wird verzichtet und kleinräumige Mischkulturen angelegt. Solch beispielhafte Musterbauerngärten könnten interessierten Laien umweltfreundliche Bewirtschaftungsmethoden und die Verbreitung selten gewordener Pflanzenarten wieder näherbringen.

Naturgetreu selbstverständlich kann man sie nicht nachahmen. Sie sind aus dem Herzen ihrer Besitzer erwachsen.

Was oft zu Unrecht abschätzig als Wildnis, als Dorfschande bezeichnet wird, ist ein Geschenk, ein Stück Garten Eden und der erste Schritt zurück ins Paradies. Das vollkommene Ökosystem ist eine Einheit von Tier, Pflanze, Mensch und Schöpfer und beweist die Ganzheit der Schöpfung. Wer sie zerstört, verliert seine natürlichen Lebensgrundlagen und ebenso seelisch-geistig und ethisch-moralische Werte.

Erfreulicherweise hat sich bei vielen Menschen eine Wende zum Guten vollzogen. Es hat sich die Auffassung durchgesetzt, daß die Pflege traditioneller Werte, der Erhalt alter Kulturdenkmäler – und dazu gehört auch der Bauerngarten – eine überlebenswichtige Aufgabe sind. Der Bauerngarten findet neue Aufmerksamkeit und kommt wieder zu Ehren. Junge Bäuerinnen entdecken ihre Liebe zu ihm, ebenso Bauernhausbesitzer aus der Stadt. Die bewußter gewordene Umweltkrise und Naturzerstörung löste die Biowelle mit ihrem Sloagan »Zurück zur Natur« aus. Großmutters alte Hausmittel sind wieder gefragt. Selbstgezogenes Gemüse wird gekocht, Obst mit Makel wird akzeptiert. Was wenige nur noch wissen wollten, ist wieder Allgemeingut: Ohne Chemie und Kunstdünger sind die Gartenfrüchte gesünder und schmecken auch besser. Man suchte das Ideal eines naturnahen Lebens zu verwirklichen und entdeckte dabei den alten Bauerngarten.

Selten aber ist noch ein unverfälschter, traditioneller Bauerngarten erhalten und wird gepflegt. Die wenigen mit kultureller und ökologischer Bedeutung sollten in

Je wilder er ist, desto wertvoller ist er für Mensch und Tier

Ein Kultur- und Naturraum, ein Garten ohne Ökosünde

ihrer Gesamtheit lokalisiert in »Gartendenkmallisten« entsprechend den Baudenkmälern im Rahmen der Fachplanung Grünordnung inventarisiert und ihr Pflanzenbestand erfaßt werden.

Denkmalpfleger, Behörden, Gemeindeverwaltungen, Landratsämter und Eigentümer könnten somit sensibilisiert werden. Bei Straßenbaumaßnahmen, Gehwegbauten, bei Dorfsanierungen und Dorfverschönerungen würden die historischen Gärten besser geschützt.

In Hunderten von Jahren organisch gewachsene Gärten bedürfen einer besonderen Aufmerksamkeit von seiten der Allgemeinheit. Sie sind Volksgut und Nahrungsmittellieferant. Der eine oder andere Garten sollte darum unter Denkmalschutz gestellt werden.

Bauerngärten sind Bestandteil der alten Dorflandschaft, sie bewahren Schönheit, Harmonie und Tradition. Bäuerinnen und Bauern müssen sich ihrer angestammten Herkunft und Würde erinnern. Wer jeden Tag in der Natur und mit ihr arbeitet, durch sie zu Wohlstand gekommen ist, muß auch die Pflicht spüren, pfleglich mit ihr umzugehen. Dazu gehört, daß er steriles Einheitsgrün wieder in einen Bauerngarten, der Nutzen mit Schönheit verbindet, verwandelt: Blumen und Kräuter mit bekannten Namen, satten Farben und würzigem Duft. Der geschorene Rasen, die einfallslosen Blumenbeete, jene exotische Strauchbepflanzung, – die gepflegte, langweilige Künstlichkeit muß der Vergangenheit angehören. Sich für die Natur entscheiden, muß eine innere Geisteshaltung nach sich ziehen, die kritischen Blicken und Anfechtungen standhält.

Nie war es so wichtig, wie heute, den Bauerngarten wieder in den Bauernhof und das Dorf zu integrieren.

Verzierter Nutzgarten im Dreiklang: Nützlichkeit, Schönheit und Zweckmäßigkeit

Leben und Vergehen haben hier gleiche Berechtigung

Zur Schönheit alter Bauerndörfer tragen Bauerngärten bei

Man darf ihn nicht nur isoliert betrachten, sondern muß ihn als Teil des Gesamtökosystems Dorf sehen. Er steht in ständiger Wechselbeziehung mit seiner Umgebung. Läßt man die Natur großzügig gewähren, so können Pflanzenarten von außen in ihn einwandern. Ackerwildkräuter wie auch Ruderalpflanzen sind dann häufig anzutreffen. Ebenso breiten sich Pflanzenarten aus dem Bauerngarten aus. Kultursorten, die man aussamen läßt und durch Vögel verbreitete Beeren und Fruchtpflanzen. Auch Wildkräuter finden ihren Weg wieder aus dem Garten in das Dorf. Für die dörfliche Fauna hält der Bauerngarten ein reiches Angebot an Blüten und Früchten bereit. Bienen und Hummeln können überleben und im Obstgarten für reichlich Früchte sorgen. Zahlreiche Nutz- und Heilpflanzen wie Schnittlauch, Malve, Fenchel, Alant, Ringelblume, Herzgespann, Taubnessel, Minzen, Melisse, Lavendel, aber auch Zierpflanzen wie Rosen- und Lilienarten sowie Beerensträucher wirken als Bienenweiden. Der Igel findet ebenso einen reichgedeckten Tisch wie Kröten. Die Pflanzenwelt des Bauerngartens schafft ein reiches Nahrungsangebot für Schwebfliegen, deren Maden von Blattläusen leben. Diese Fliegenart ernährt sich überwiegend von Doldenblütlern und Korbblütlern. Bestimmte Lebewesen zu fördern ist wichtig, um den natürlichen Kreislauf im biologischen Bauerngarten zu in Gang zu halten. Die Population von Blatt- und Rotläusen, Erdflöhen, Ameisen, Fliegen, Nematoden (Wurzelälchen), Schnecken und Kohlweißlingen können durch Vögel, Schmetterlinge, Schwebfliegen, Marienkäfer, Florfliegen, Ohrwürmer, Spinnen, Kröten, Maulwürfe und Igel in Grenzen gehalten werden. Schon unsere Vorfahren wußten, daß »neunerlei Holz«

Solch ein Bauerngarten ist ein wertvoller Biotop im Hof- und Dorfbereich

Alles ist geordnet, nichts ist aber zu Tode geordnet, wie in heutigen Gärten

zu pflanzen sei, um den Vögeln das Bleiben zu erleichtern.

Daß Unkräuter in einem Bauerngarten wachsen, ist keine Schande. Denn sie haben nicht nur eine wichtige Funktion für die Tierwelt, sondern auch für die sie umgebenden Pflanzen, die sie schützen und stützen. Sie werden nicht überhand nehmen, wenn die Bodenzusammensetzung ausgewogen ist. Doch kommt man nicht umhin, auch im biologischen Bauerngarten Unkraut zu jäten. Jede Pflanze hat im Naturkreislauf eine sinnvolle und natürliche Funktion zu erfüllen. Der alte Bauerngarten braucht keine Chemie, da die alten Regeln gelten: »Zu jeder Pflanze die passende Nachbarschaft« und »Gießen mit Kräuterjauche«.

Der traditionsreiche Bauerngarten fügt sich mit seinen Elementen, wie Wegen, Beeteinfassungen und Gartenzaun in das Ökosystem Bauernhof störungsfrei ein. Die Stoff- und Energiekreisläufe sind wie in diesem geschlossen. Neben seiner Nutzung zur Nahrungsproduktion und als Teil des ökologischen Wirkungsgefüges Dorf liefert er Pflanzen mit medizinischer und kosmetischer Heilkraft. Darüber hinaus befriedigt er das ästhetische Bedürfnis der Menschen und zwar unabhängig von der jeweiligen Mode.

Der Bauerngarten wird nur überleben, wenn die Bäuerin sich seiner wieder annimmt. Je wilder er ist, desto wertvoller ist er für Mensch und Tier.

Kletterpflanzen erfüllen triste Wände mit Leben

Lebende Bauernhausfassaden

Früher Lebenssymbol, heute benötigt als Sauerstofflieferant, Schallschlucker und Schadstoffbinder

Früher waren Bauernhäuser vielfältige Biotope, nicht nur für den Menschen, sondern auch für die Tiere. An dieser Vielfalt war die Hausbegrünung wesentlich beteiligt.

In der Gartenkultur, zu der das Bauernhaus gehört, sind Kletterpflanzen seit der Antike bekannt. Aus dem alten Ägypten weiß man, daß Lauben mit Weinreben eingegrünt wurden. Auch die Griechen kannten den Efeu als Kletterpflanze im engeren Lebensbereich. Von den Römern ist bekannt, daß sie bereits prächtige Kletterrosen hegten und den Weinbau nach Mitteleuropa brachten. Weinstöcke waren seitdem aus Klostergärten nicht mehr wegzudenken. Von hier und aus den Burggärten fanden sie den Weg auch auf den Bauernhof, wo sie vor allem die Hauswände zierten. Im Mittelalter grünte man Lauben mit Wein, Geißblatt und Rosen ein. Wilder Wein kam 1629 von Nordamerika nach Europa. Weitere Kletterpflanzen kamen im 17. und 18. Jahrhundert auch aus anderen Erdteilen. Um die Jahrhundertwende, mit dem aufkommenden Jugendstil, war es sogar modern, sein Haus zu begrünen. Ein Haus ohne Spalierbaum oder Weinrebe war eher selten. Wieviel Reiz und Atmosphäre diese Fassaden ausstrahlten, kann nur erahnt werden, denn viel ist nicht mehr davon erhalten geblieben. Auch sie drohen zu verschwinden, da in der vegetationslosen Zeit vom Herbst bis in den Frühjahr hinein die oft morbiden Wände sichtbar sind und nach Meinung mancher das Ortsbild verschandeln. Man hat die Kletterpflanzen in den Nachkriegsjahren an Hauswänden geradezu verpönt. Ordentlich gepflegt hatte das Haus zu sein; die Architektur sollte nicht beeinträchtigt werden. Von angeblicher Nostalgie hielt man nicht viel, und daß begrünte Fassaden vielfältigen Nutzen aufweisen, wußte man kaum. Blind für die alte Schönheit, ließ man sich leicht überzeugen, daß Pflanzen, sofern sie an der Hauswand hochklettern, die Verursacher verschiedener Mauerschäden seien und das Mauerwerk mit der Zeit zerstören würden. Abbröckelnder Putz, feuchte Mauern und Ungeziefer waren die immer wieder vorgebrachten Einwände. Kahle Mauern blieben zurück. Obwohl die Vorzüge die Nachteile bei weitem überwiegen, wird die Fassadenbegrünung kaum gepflegt.

Für lebende Hausfassaden spricht, daß sie unsere Umwelt lebenswerter gestalten. Ein Spalierobstbaum, eine Weinrebe oder andere Kletterpflanzen geben der Hausfront ein natürliches Gesicht. Sie sind ein Stück

Schön und nützlich – für eine unwirtlich gewordene Umwelt wieder neu entdeckt

Fassadengrün hat mehr Vorzüge als Nachteile

Natur an dem sonst wie nackt und leblos dastehenden Haus. Ein Kleid, das schmückt und erhält.

Kletterpflanzen erfüllen triste Wände mit Leben, vor allem Betonstützmauern, gestalten sie und geben Sichtschutz.

Von Bäumen unterscheiden sich Kletterpflanzen dadurch, daß sie ihre Blätter um das Haus legen. Ähnlich den Bäumen blühen sie im Frühsommer, sind sattgrün im Sommer, tragen im Herbst Früchte und bunte Blätter. Berankte Bauernhausfassaden erfreuen nicht nur das Auge, sondern verbessern auch das Klima. In Dorfgebieten mit einem hohen Grad an Versiegelung durch Beton-, Asphalt-, Blech- und Kunststoffflächen kommt es zu einer spürbaren Verbesserung des Kleinklimas. Die Wirkung von Kletterpflanzen ist dieselbe wie von Bäumen, nur brauchen sie weniger Platz.

Die einfallende Sonnenstrahlung wird von den grünen Blättern zur Assimilation bis zu 90% aufgenommen. Wogegen unbegrünte Hauswandflächen die Sonnenenergie speichern, was zu einem Temperaturgefälle zwischen der Innen- und Außentemperatur führt. Eine begrünte Wand wärmt sich und die Umgebung kaum auf; sie dämmt die Wärme. Im Sommer spenden die Kletterpflanzen Schatten, kühlen die Hauswand und schützen das Mauerwerk vor Regen. Die Verdunstung von Wasser durch die Blätter erhöht die Luftfeuchtigkeit. Aufgewirbelter Staub wird gebunden und in der Luft sich befindende feste und gasförmige Schadstoffe ad- und absorbiert. Anders verhält es sich bei kahlen Wänden. Hier läuft das Wasser sehr schnell ab und dadurch die Erwärmung an der Hauswand kaum herabgesetzt. Zur merklichen Erhöhung der Luftfeuchtigkeit kommt es selbst bei Regen kaum.

Einst Lebenssymbol, heute zu Sauerstoff-lieferant und Schadstoffbinder degradiert

Eine nützliche, malerische Einheit bilden wilder Wein und die Fachwerkfassade

Durch Aufnahme von Kohlendioxid, Abgabe von Sauerstoff und Verdunstung von Wasser wird die Luftqualität verbessert. Die Schadstoffbelastung wird durch Pflanzen am Haus merklich herabgesetzt. Anders dagegen verhält es sich bei leeren Wänden. Hier gibt es kein Gefälle in der Schadstoffkonzentration, dadurch auch keine Besserung der Luftzirkulation, was zur Bildung von Dunstglocken über Wohnbereichen führt.

Ein weiteres Argument für die Bepflanzung von Hauswänden ist ihre schalldämmende oder sogar schallschluckende Wirkung.

Die häufig geäußerte Befürchtung der Schädigung von Hauswänden ist falsch. Ganz im Gegenteil. Die Pflanzen lassen den Wind, Regen und Schnee gar nicht bis zur Wand durchdringen und tragen somit zum Schutz von Putz und Mauerwerk bei. Immer noch ist das Vorurteil weit verbreitet, daß Kletterpflanzen mit ihren Trieben und Wurzeln an Gebäuden, Wänden und Fundamenten Schaden anrichten. Neuere Untersuchungen haben bestätigt, daß der Bewuchs erhebliche bauphysikalische Vorteile mit sich bringt. Bevor schadhafte Mauern, die Risse zeigen und abblättern, nicht ausgebessert worden sind, sollten sie allerdings nicht mit selbstklimmenden Arten begrünt werden (trotz der Tatsache, daß die Haftwurzeln nicht in die Wände eindringen, sondern nur auf ihnen haften.)

Durch die Verringerung des Temperaturunterschiedes zwischen Tag und Nacht wird die Gefahr der Rißbildung vermindert. Dadurch kann die Haltbarkeit des Putzes um 70 Jahre erhöht werden, wie Untersuchungen gezeigt haben.

Auch sollte nicht unterschätzt werden, daß das isolierende Luftpolster zwischen dem Blattwerk und der

Altes Fachwerk: Idealer Lebensraum für bedrohte Insekten

Ein Haus ohne Spalierbaum oder Strauch war früher undenkbar

Hauswandbewuchs – ein Beitrag zur biologischen Stabilität

Wand wärmedämmend wirkt und für den Innenbereich des Hauses im Winter energetische Vorteile mit sich bringt. 5–25% an Heizenergie können durch die Begrünung eines Hauses eingespart werden.

Für das Eingrünen eines Hauses, im speziellen eines Bauernhauses, spricht auch, daß man sich die Natur ans Fenster holt. Man braucht keine Angst haben, daß durch die begrünte Fassade zuviel Ungeziefer ins Haus gelangt. Ganz läßt sich das auch ohne Begrünung nicht ausschließen. Wo es Käfer und Fliegen gibt, finden sich auch andere Tiere ein, die voneinander leben und ihre Population gegenseitig unter Kontrolle halten. Vögel, die die Hauswand besuchen, um dabei Insekten zu vertilgen und in den Kletterpflanzen nisten, halten die Lebensgemeinschaft im Gleichgewicht. Amseln, Finken, Hausrotschwanz, Girlitz und andere Vögel teilen sich mit Spinnen, Weberknechten, Bienen, Hummeln, denen die Blüten der Kletterpflanzen reichlich Nektar bieten, ihren Lebensraum.

Viel Fassadengrün, früher Lebenssymbol, Sauerstofflieferant und Schallschlucker, ist aus den Dörfern verschwunden, weil in seiner Pflege und seinem Erhalt kein Sinn mehr gesehen wurde. Weil es im Herbst durch Laubfall den Hofraum verschmutzte, schlichtweg, weil es aus der Mode gekommen war, trotz seiner Schönheit und Nützlichkeit. Heute wird die Begrünung von Hauswänden wegen all der genannten Vorzüge wieder neu entdeckt.

Bürger, Umweltverbände, Fachleute, Politiker und Bauern erkennen ihren Wert und stimmen mit B. Lötsch darin überein, daß *»die einzige ästhetische Chance mancher Reißbrettarchitektur«* darin besteht, *»von der Vegetation überwuchert zu werden.«*

Bei all den Vorzügen gibt es dennoch einen schwerwiegenden Grund, seine Bauernhauswand nicht durch Fassadengrün zu beleben. Nämlich dann, wenn das Bauernhaus architektonisch kunstvoll gestaltet ist, sei es durch ein Zierfachwerk, eine Bemalung oder einen kunstvoll ausgeführten Verputz. Ebenso ist es bei denkmalgeschützten Bauernhäusern angeraten, daß deren Ausstrahlung und Würde nicht durch eine Begrünung verdeckt und dadurch egalisiert werden sollte.

Grüne Wände sind ein weiteres Element, die Dorfökologie zu stabilisieren. Wegen ihrer vielfältigen ökologischen, sozialen, ästhetischen und symbolischen Bedeutung, sollte bei der Dorfgestaltung und bei der Errichtung neuer Bauernhäuser an die Bepflanzung von kahlen Hauswänden mit Kletterpflanzen und Spalierobstbäumen gedacht werden. Es wird nicht mehr überraschen, daß die Nützlichkeit begrünter Wände je höher ist, desto ausgeprägter ihr Verwilderungsgrad ist. Ausladende Triebe und Zweige müssen nicht immer gleich geschnitten werden. Ihr Alter, die knorrigen Stämme und Äste, sind noch lange kein Grund, sie von der Hauswand zu entfernen.

Ein letzter Ratschlag: Damit man den »Fuß des Hauses« bepflanzen kann, ist es wichtig, daß auch genügend Erde vor der Hauswand liegt und der Gehweg ums Haus nicht versiegelt wird. Die meisten Pflanzen benötigen eine Kletterhilfe. Hierfür eignet sich ein Lattengerüst aus Holz oder das Anbringen von Spanndrähten.

Mit Efeu, Waldrebe, Wildem Wein, Knöterich oder einem Spalierobstbaum, um nur einige zu nennen, wächst das Bauernhaus besonders schön aus dem Bauerngarten.

Grüne Wände sind ein wichtiger Bestandteil des Dorfökosystems

Die Lebendigkeit dieser Wand wird durch Blumen am Fuß erhöht

Der Ausschnitt – Eine reduzierte sich in verhaltenen Farben zurücknehmende Welt

Wände wie Gemälde

Eine Augenweide, doch nicht jeder hat den Blick dafür

Eine chinesische Volksweisheit weiß um die Kraft von Bildern und schreibt ihnen mehr Macht zu als tausend Worten. Sie ergreifen und bewegen uns, sie stimulieren die Sinne unseres Körpers, Seele und Geist. Von Bildern kann eine suggestive, ja eine geradezu magische Kraft ausgehen, die uns stärkt, beflügelt und gestaltet. Sie können uns positiv wie negativ prägen.

Aber so wie Licht, Schönheit und Größe – und damit auch Hoffnung und Mut – von unseren Augen und Sinnen, von unserem Geist empfangen werden, kann unser Auge auch die Einfallspforte für Häßliches, Zersetzendes und Bedrohliches sein. Negative Bilder vermögen eine dunkle, manchmal dämonische Macht auszuüben. Buddhas Weisheit, »Was Du denkst, das wirst Du« kann durch die Worte »Was Du dauernd siehst, das verwirklicht sich in und an Dir«! ergänzt werden.

Die Gewöhnung an das Banale und Häßliche bringt eine seelisch-geistige Strömung mit sich, die mit der Zeit nur noch materielles Denken zuläßt. Wer tagtäglich nur noch die Enge und Begrenztheit seiner näheren Umgebung als das allein Gültige und Wahre ansieht, dem erscheint es schließlich normal. Diese Sichtweise birgt nicht nur eine moralische, sondern auch eine existentielle Gefahr: sie macht intolerant. Stetiges Betrachten des Unmenschlichen und Unansehlichen führt dazu, die von Gott gewollte natürliche Morbidität, und dazu gehört auch das langsame Abblättern des Verputzes einer alten Hauswand, zu verachten. Es ist etwas ganz Natürliches, daß organisches Material wieder zurück zur Natur will. Sich dagegen aufzulehnen hieße, die christliche Botschaft vom Leben und Sterben – des ewigen Kreislaufes – nicht verstanden zu haben.

Die Augen zu öffnen für Kostbarkeiten, die es zu bewahren gilt, für das Unauffällige und doch Besondere soll unser Anliegen sein. Die Ästhetik eines natürlichen Prozesses vor Augen zu führen, heißt die Botschaft.

Wie impressionistische Gemälde stellen sich die alten Hauswände dar. Durch ihren natürlichen Verfall stimmen sie auch traurig. Solche Wände werden weder gefunden noch sind sie auffindbar – der eine sieht sie, der andere nicht. Sie zwingen das Auge, genauer hinzusehen, sich nicht nur zu begnügen, darüber hinwegzusehen. Die Wand verfällt, ist brüchig und lebt trotzdem – mit großer Farbenvielfalt und einer eigenen Geschichte.

Häuser mit diesen Wänden täuschen keine verlogene Intaktheit vor und schon gar nicht eine geschönte Ordnung. Sie sind die »nackte Wahrheit« in einer oft durch

Die Wand verfällt, lebt trotzdem und der Mensch dahinter?

Keine Wand, die Vollkommenheit und Intaktheit vortäuscht

Glanz vorgetäuschten Vollkommenheit die zu einer krankmachende Zwanghaftigkeit führt. Schein- und Trugbilder machen blind für die Wirklichkeit.

Unsere Vorfahren haben durch eine solide und schlichte Baukunst überzeugt. Alles war Handarbeit und brachte Lebendigkeit, die von keiner Maschine nachgemacht werden kann. Mit wenig Aufwand wurde eine gute Gestaltung erreicht. Das galt auch für das Anbringen des Verputzes. Man warf ihn mit der Kelle an die Wand und verstrich ihn so glatt es ging. Bei Fachwerkhäusern mußte zunächst das Holz mit einem Putzträger versehen werden. Durch Aufrauen des Holzes mit einem Beil oder durch Aufnageln von Drähten, Holzleisten oder Strohmatten. Dann trug man den Putz an. Bis zum frühen 20. Jahrhundert waren Lehm- und Kalkputze üblich. Lehmputz wurde mit Strohbeimengungen gefestigt und durch Kalkschlemmen und Anstriche überdeckt. Teils trug man ihn sehr dünn auf, dann schienen die starken Hölzer noch durch, oder aber man trug ihn so stark auf, daß alles Holz verdeckt wurde und eine glatte Wand entstand.

Wenn Mörtel verwendet wurde, dann Sumpfkalk, der mit Sand vermischt war. Vor Einführung des Zements war Mörtel beim Mauern und Verputzen das beinahe einzige Bindemittel. Er verbindet sich in hervorragender Weise mit fast allen Steinen und auch mit Holz. Zu seiner Gewinnung wird Kalkstein durch Brennen im Ofen auf ca. 1000° C erhitzt. Dabei entsteht reiner weißer Branntkalk, der durch Wasser zu Calciumhydroxyd (Sumpfkalk) gelöscht wird. Jeder Bauer hat seinen Sumpfkalk selbst hergestellt. Er wird mit Wasser und Sand zu Mauer- oder Putzmörtel vermischt. Beim Abbinden, dem Festwerden des Mörtels, nimmt er Kohlendioxid aus der Luft auf und trocknet aus, wodurch Wasser entweicht. Er wird fest und das Ausgangsprodukt Kalk ist entstanden. Die Konsistenz des Sumpfkalkes ist dick, so daß er leicht angeworfen und glattgestrichen werden konnte. An alle Teile des Hauses, wie Gesimse, Ecken, Türeingänge, wurde der Putz freihändig angeworfen. So gut und sicher, daß kaum etwas auf den Boden fiel, so handwerklich gekonnt, daß er viele Jahrzehnte hielt.

Zum Schutz aber auch zur Dekoration verwendete man ungefärbte, aber auch mit Farbe versehene Kalkmilchals Anstrichmittel. Sie verband sich am dauerhaftesten mit dem Kalkputz und erfüllte schon damals das, was heute Baubiologen von einem Putz verlangen: dampfdurchlässig, elastisch, atmungs- und diffussionsaktiv.

Ein mit der Hand angebrachter Putz brachte Lebendigkeit ans Haus, zeigt die individuelle Handschrift des Maurers. Die Lebendigkeit des Sumpfkalkputzes wurde durch Farbigkeit noch erhöht, wurde aber nicht wie heute mit Schnörkeln und Kratzspuren unterstrichen. Dieser Putz war glatt und dennoch uneben.

Die Farben bei Gebäudeanstrichen waren alle mineralischer Natur. Die mineralischen Farbpigmente wurden der Kalkmilch zugesetzt oder einer weißen Anstrichfarbe, vor 1800 Bleiweiß, das dann wegen der Schädlichkeit des Bleis zunehmend durch Zink ersetzt wurde. Elfenbeinweiß diente ebenfalls als weiße Anstrichfarbe.

Folgende Farben kamen früher zum Einsatz:

Schwarz: Ruß bzw. Kienruß (Kohlenstoff), schwarze Kreide, Elfenbeinschwarz (nicht auf Kalk, nur auf Leinöl).

Hinter solch einer Wand kann ein ordentlicher Mensch wohnen

Die wahre Schönheit liegt oft im Detail

Wer eine alte, abbröckelnde Wand betrachtet, sieht die Lebensspuren des Hauses

Rot: Zinnober (Quecksilbersulfid), Caput Mortuum (Eisenoxid), roter Ocker (gebranntes Eisenoxid), Bleimennige (nicht auf Kalk, nur auf Leinöl). Ochsenblutrot ist nur ein Farbname und stammt nicht aus dem Blut des Ochsen, wie immer wieder geglaubt wird.

Ocker: Gelber Ocker (Eisenoxidhydrat oder Eisenoxid), Eisenoxidgelb, Terra di Siena (gelb bis braun), braunes Eisenoxid.

Blau: Smalte (Schmelze von Kobaldoxid, Quarz und Pottasche), Preußischblau (Ferriferrocyanid, nicht auf Kalk), Ultramarin.

Grau und graublau: verdünnte Anwendung von Ruß, ggf. auch von Smalte.

Grün: Chromgrün oder Umbragrün.

Gold: für Ornamente und Inschriften aus Blattgold (selten).

Erst wenn die Wände ausgetrocknet waren, begann man mit dem Verputzen. Die Kalkfarben jedoch mußten auf den noch feuchten Putz aufgetragen werden. Der Zusatz von Proteinen sollte die Witterungsbeständigkeit erhöhen.

Wer eine alte, abgewaschene und abbröckelnde Wand genauer betrachtet, der kann erkennen, wie oft das Haus seit der Entstehung verputzt und angemalt worden ist. Der Bauhistoriker datiert die Entstehungszeit und liest daraus die Geschichte des Hauses ab.

Wer Respekt vor der handwerklichen Leistung unserer Vorfahren hat, der wird seinen Altbau in althergebrachter Weise renovieren. Niemand hindert uns daran, auch beim Neubau herkömmliche Baustoffe einzusetzen und mit der Hand und dem Auge zu arbeiten.

Wahrnehmen und nicht ablehnen. (Lenz/Auttagershofen)

Alte Bausubstanz zu sichern, ist eine größere Leistung als abzureißen

Fachwerke

Verlust an Heimat, Heimeligkeit und Handwerkskunst

Dem Krieg sind viele alte Häuser zum Opfer gefallen. Schlimmer jedoch war das »Abräumen« alter, geschichtsträchtiger Häuser und ganzer Straßenzüge in Zeiten des Wiederaufbaus und der Instandsetzung.

Heute sind sich viele um das Dorf besorgte Bürger einig, daß es falsch war, den alten Hausbestand zu vernichten. Alte Bausubstanz zu sichern, ist eine größere Leistung als abzureißen. Nicht nur repräsentative Baudenkmäler, auch ein anscheinend einfaches, altes Haus ist ein wichtiges Glied in der Gesamtheit erhaltenswerter Kulturgüter. Originale Bauwerke dokumentieren die soziale Situation der damaligen Bewohner und sind ein Spiegelbild des Lebensstils früherer Generationen. Sie zeigen, welchen Stand die Architektur und das Handwerk hatten. Alte Gebäude fordern uns zu ständiger Auseinandersetzung mit der Vergangenheit auf. Als Zeugnisse der Alltagsgeschichte und -kultur sind die letzten, liebenswerten Reste der in Fachwerkbauweise erstellten Bauernhäuser unbedingt erhaltenswert. Und zwar sinnvollerweise am originalen Standort.

Was es an Schönheit und Vielfältigkeit einmal gab, kann oft nur noch in Bauernhofmuseen oder Büchern angeschaut werden. Nicht die augenfälligen, unter Denkmalschutz stehenden Bauernhäuser, sondern fast unscheinbare Fachwerkbauten und -fassaden sollen dem Betrachter die Zimmermannskunst vergangener Tage näherbringen.

Es geht um die Schönheit von verkannten Kleinoden, Details und historischen Situationen. Die breite Öffentlichkeit wird sich des wahren Wertes erhaltenswerter Bausubstanz in seiner Einzigartigkeit erst richtig bewußt, wenn sie durch die Abbildung ins richtige Licht gesetzt worden ist. Man ist überrascht, wie viele Einzelheiten und wieviel harmonische Gliederung ein altes Fachwerkhaus aufzuweisen haben. Nach gelungener Restaurierung offenbart sich ein Bauernhaus in seiner vollen Ausstrahlungskraft und kann als nachahmenswertes Beispiel für ein kleines Stück wiedergewonnenen alten Dorfbildes hervorgehoben werden.

Mannigfache schöpferische Fähigkeiten drücken sich in der Vielfalt der Fachwerkgestaltungen aus. Da der bäuerliche Mensch früherer Zeit darauf angewiesen war, beim Hausbau Materialien zu verwenden, das die nähere Umgebung lieferte, war Holz der wichtigste Baustoff. Bis in die Neuzeit hinein dominierte die Holzbauweise, Blockbau auf der einen Seite und Fachwerk auf der anderen Seite. Nicht jedem ist bekannt, daß die Architektur des Fachwerkbaus nicht nur in den Städten, sondern auch auf dem Lande zur vollen Blüte kam. Beim Blockbau werden die Wände aus übereinander geschichteten Stämmen und Balken errichtet. Diese Bauweise wurde in waldreichen Gegenden wie Skandinavien und Nordosteuropa bevorzugt. Im deutschen Kulturraum findet man den Blockbau von Ostpreußen über Schlesien bis nach Sudetendeutschland in äußerst reizvollen Ausführungen.

Das Verbreitungsgebiet der Bauernhäuser in Fachwerkbauweise erstreckt sich vor allem auf Waldlandschaften mit Laubholzbeständen: In Nieder- und Mitteldeutschland, Ost- und Süddeutschland. In Reinform, aber auch als Mischform in Block-, Ständer- und Steinbauweise.

Der Aufbau eines Fachwerkhauses erfolgt in zwei Schritten: zuerst die Tragkonstruktion, das Skelett, und danach die Wandfüllungen, die Gefache. In der Regel füllt man die Gefache erst nach Fertigstellung der Fachwerkkonstruktion aus. Einzige Ausnahme ist der Ständerbau. Bei dem werden die Ausfachungen Zug um Zug mit Bohlen aufeinandergeschichtet und dabei sogleich abgedichtet.

Beim Fachwerkbau werden auf einem Kranz vierkantig behauener Stämme, senkrechte Balken, die Ständer, errichtet. Am Kopfende werden sie zu einem Rahmenwerk verbunden. Waagrechte Riegel unterteilen die offenen Rechtecke. Fuß- und Kopfhölzer, auch Bänder genannt, die höchstens ein Drittel der Wandstärke haben, fixieren die Konstruktion während des Gebäudebaus und verfestigen es zusätzlich nach der Fertigstellung. Sie sind an den Ständern angeblattet und sitzen vor der Ausfachung. Sie erfüllen nicht nur statische Bedürfnisse, sondern oftmals auch ästhetische Ansprüche. Gekrümmt und mit Zacken versehen, paarig angeordnet zieren sie die Fachwerkfassade.

Als Baumaterial wurde Weichholz wie Hartholz eingesetzt und zwar beide gleich häufig. Eiche hatte als Bauholz den besten Ruf. Wegen seiner starken Festigkeit, seiner Widerstandsfähigkeit gegen Feuchtigkeit und Wurmbefall eignete es sich für jeden Gebäudeteil: für Balkenlagen, im Dachwerk, als Staken in der Ausfachung sowie für Treppen, Böden, Fenster und Türen. Andere Hölzer wie Ulme, Buche und Birke fanden in der Fachwerkkonstruktion keine Verwendung. Birkenäste und Weidenruten eigneten sich dagegen vorzüglich als Flechtwerkholz bei der Ausfachung.

So gut wie immer setzte man im Hausbau in früheren Jahrhunderten im Winter gefälltes Holz ein. In dieser Jahreszeit steht es nicht im Saft und ist entsprechend widerstandsfähig gegen Wurmbefall und Schwammbildung.

Alle Arbeiten am Haus wurden in Handarbeit durchgeführt. Das Fällen, Ablängen und Kantigschlagen im Wald wie auch die Weiterverarbeitung auf dem Zimmermannsplatz. Dort wurde der grob zugehauene Baumstamm mit Sägen, Beilen, Bohrer, Messern, Haken, Hobel, Stemmeisen und diversen Äxten zum Fachwerkholz hergerichtet. Im zweiten Arbeitsgang wurde das Abbinden des Hauses durch Herstellung von Zapfen, Zapflöchern, An- und Ausblattungen ausgeführt. Bemerkenswert ist, daß trotz der Bebeilung der Hölzer im Fachwerkbau die Beilspuren nicht stark hervortreten. Üblicherweise beilte man nicht die Außenseite der Hölzer, mit Ausnahme der Weichhölzer, wie sie in Schwaben und Franken häufig verwen-

Einzelheiten und harmonische Gliederung überraschen an alten Fachwerkgiebeln

Zeugnis der Alltagsgeschichte und -kultur auf dem Dorf

Ein unscheinbares Austragshaus in Fachwerkbauweise

det wurden. Beilspuren findet man hauptsächlich an der Innenseite der Hölzer und allseitig auf dem Dachstuhl. Durch den Einsatz von Sägewerken wirken Fachwerkhölzer aus dem 18. und 19. Jahrhundert dagegen sehr glatt.

Trotz Handarbeit hat das Aus-dem-Lot-Gehen von Fachwerkhäusern seine Ursache im Verziehen durch Trocknung des Holzes, die erst nach dem Verbauen einsetzt. Die landläufige Meinung, daß das zu verbauende Holz vorher abgelagert worden ist, trifft nicht für das grobe Holz des Fachwerkbaues zu. Kein Zimmermann hat auf größeren Vorrat Holz gekauft und gehauen. Abgelagertes Eichenholz läßt sich außerdem sehr schwer bearbeiten, weshalb man frisches Holz verwendete.

Während der Zimmermann auf einem separaten Platz arbeitete, wurden die Kellerräume und das Fundament gemauert. Nachdem die Abbundmarken vollständig angebracht waren, erfolgte das Aufrichten des Gebäudes, das je nach Größe mehrere Wochen, wenn nicht sogar Monate dauern konnte. Die Vorgehensweise war abhängig von der Baukonstruktion, aber auch regional verschieden. In Baden-Württemberg wurden nach Fertigstellung jedes Stockwerkes die Fußbodenbretter (Dielung) aufgenagelt, die vorkragend zwischen den Geschossen, an den Fassaden zwischen Balken und Schwellen zu sehen sind. Anderswo verlegte man die Dielen nach dem Richten, mit Ausnahme im Dachgeschoß.

Als letzte Aufrichtarbeit des Zimmermanns am Fachwerkbau, nach dem Zusammenfügen der Hölzer, schlug man die Holznägel ein. Ihre Funktion ist es, der Anblattung einen festen Sitz zu geben und das Gefüge unter Spannung zusammenzuziehen, damit es besser hielt.

Zur Hälfte war der Bau nun ausgeführt. Es folgten das Schließen der Ausfachungen, die Dachdeckung, der Einbau von Fenstern, Türen, Treppen, Fußböden und Decken, das Mauern der Feuerstelle, in späterer Zeit das Errichten des Kamins, und in jüngerer Zeit schließlich das Verlegen von Wasser- und Stromleitungen.

Nach der Sicherung der Fachwerkskonstruktion durch Holznägel mußten die Ausfachungen angefüllt werden. Von den Anfängen des Fachwerkbaues bis weit in das 19. Jahrhundert hinein war das Holzflechtwerk mit Lehmbewurf die verbreiteteste Art, ein Gefach zuschließen oder, wie man es auch nannte, »auszuriegeln«. Hierbei wurden zwischen den waagrechten Balken in oben vorgebohrte Löcher und unten in eine eingearbeitete Nut senkrechte Holzscheite (Staken) – meist aus Eichenholz, seitlich eingeschlagen. Um diese Staken wurden biegsame, geschmeidige Äste gewunden (daher die Bezeichnung Wand), meist aus Weidenruten, Haselnuß und seltener aus Birke. Man nahm das Holz, das in der näheren Umgebung wuchs. Auf das Geflecht wurde von innen und außen ein Gemisch aus Lehm, Sand, Wasser und gehäckseltem Stroh aufgeworfen. Nach dem Trocknen verschmierte man die Schwundrisse zusätzlich mit feuchtem Lehm. Im nächsten Arbeitsgang brachte man mit dem Finger oder einem Gegenstand Wellen oder gitterförmige Vertiefungen auf die feuchte, nun geschlossene Lehmfläche. Schließlich wurde das Ganze mit einem Gemisch von Lehm und Kalkmörtel, dem oft Kälberhaare beigemengt wurden, verputzt und mit Kalkmilch geweißelt.

Es erschüttert, was in Dörfern alles schon verschwunden ist

Die Zimmermannskunst vergangener Zeiten

-Fachwerkfassade, ausgefacht mit großen Flußkieselsteinen

Solch eine Lehmausfachung bietet Wärmeschutz, Schallschutz, ist dicht und hält Feuchtigkeit ab. Auch ist sie mechanisch, thermisch belastbar und atmungsaktiv.

Wie erfinderisch unsere Vorfahren bei der Ausfachung von Wänden waren, soll die Aufzählung verschiedener Techniken verdeutlichen:

1. *Spaltholzgeflecht, Holz von Laubbäumen, längs halbiert.*
2. *Senkrecht verlaufendes Geflecht bei engem Stand der Ständer.*
3. *Strohzöpfe senkrecht eingeflochten.*
4. *Strohlehm, durch Holzspänegeflecht gehalten.*
5. *Strohlehmkugeln, zwischen den Stakhölzern aufgeschichtet, oder verputzte Stakhölzer.*
6. *Waagrecht eingesetzte Stakhölzer, verputzt.*
7. *Strohlehmwickel um waagrechte Stakhölzer.*
8. *Verputzte Bretter, stehend oder liegend mit Putzträger: Hicke, Nägel, Drahtgeflechte.*
9. *Große Bachkiesel, viel Füllmaterial.*
10. *Kleine Kiesel mit Fischgratmuster, dazwischen Dachziegelschichten.*
11. *Bruchstein, Sandstein, ungebrannte Lehmsteine, Bachsteine gestellt, verschiedene Backsteinverbände, Bruch-Hohlziegel, Dachziegel.*

Auf die Ausfachungen wurde ebenfalls Lehm aufgetragen. Bei großen Gefachen sind Lehm-Flechtwerkwände vorteilhafter. Kleine Gefache schloß man mit Steinen. Der Konstruktionsvorteil bei der Stabilisierung des Fachwerks wiegt die geringere Isolationswirkung und schlechtere Verbindung zwischen Balken und massiver Bauteile nicht auf. Sie haben weniger gute klimatische und plastische Eigenschaften.

Diese alte Lehmtechnik sollte auch heute wieder vermehrt beim Hausbau eingesetzt werden, da Lehm umweltneutral, hautverträglich, angenehm zu verarbeiten, wiederverwertbar und ein kostengünstiges Baumaterial ist.

Noch größer ist die Vielfältigkeit der Fachwerke selbst. Man unterscheidet eine große Anzahl unterschiedlicher Konstruktionsmöglichkeiten, in die das Fachwerkgerüst gegliedert ist und danach verschiedene Grundtypen. Sie lassen sich jeweils wieder unterteilen. Wenn man dann noch die Fachwerkgestaltung von schlichten Fachwerkformen bis hin zum Schmuckfachwerk in Betracht zieht, dann sind der Vielfalt keine Grenzen gesetzt.

Von Ende des 16. bis zum Anfang des 18. Jahrhunderts war die Blütezeit der Schmuckfachwerke. Andreaskreuze, gerade oder geschweifte, durchkreuzte Rauten, gekreuzte Kopf- und Fußstreben ergeben ein dichtes, teilweise unübersichtliches Fachwerkbild. Farbige Anstriche, Bemalungen auf der Ausfachung und selbst auf den Balken tragen zur Schönheit dieser Haustypen bei. Wenig davon ist auf dem Land erhalten geblieben.

Nicht die Reste erhaltener oder im Verfall befindlicher Fachwerke mit ihren Lehmwickelausfachungen sind eine Schande für die Dörfer, sondern die Ignoranz gegenüber der eigenen Heimat, ihrer Kulturgeschichte und der Handwerkskunst.

Nur ein verändertes Bewußtsein kann die letzten zu Schandflecken degradierten Fachwerkhäuser erhalten.

Das Lehmflechtwerk war die am häufigsten angewandte Ausfachungstechnik

Lehmausfachungen haben vielfältige biologische Eigenschaften

Ein Zaun, der durch leben und leben lassen an Poesie und Anmut gewinnt

»In solchen Zäunen steckt mehr Weisheit als in einem Buch.«

(Gottfried Keller)

Die beste Form, ein Grundstück und ganze Dorfbereiche abzugrenzen, ist die Hecke. Doch gibt es Gründe, den Garten mit einem Zaun zu umfrieden. Er war schon für unsere Vorfahren von zentraler Bedeutung. Seit altersher war es wichtig, die Einzäunung um den Garten mit einem wehrhaften Zaun zu versehen. Sie mußte dicht und erkennbar sein. Einen Garten ohne Zaun gab es nicht, es durfte ihn auch gar nicht geben, da die Rechtssprechung ihn zwingend vorschrieb. Der Gartenzaun sollte Schutz und Frieden bringen. Unsere Vorfahren mußten bereits Gesetze und Verordnungen beachten: *Der Garteninhaber hat für rechte Umzäunung zu sorgen; fürs weitere hatte er den Schaden selbst zu tragen, wenn er die ordnungsgemäße Einhegung unterläßt oder vernachlässigt«*, ist in schweizerischen Rechtsquellen nachzulesen. *»Sich selber friden geben«*, hieß es in einer alten Rechtssprechung; was bedeuten sollte, daß er eingezäunt sein mußte.

Der Garten genoß Rechtsschutz, sofern er einen Zaun hatte, und nur dann wurde der Diebstahl von Obst und Gemüse geahndet. Nach alemannischem Recht wurde das »Zerhauen von Geflecht und Reifen«, das Beschädigen und Zerstören des Gartenzaunes, schwer bestraft.

Auch die Mindesthöhe des Zaunes war vorgeschrieben: einem erwachsenen Mann sollte er bis zur Schulter reichen.

Die enge Verbundenheit des Gartens mit dem Zaun liegt bereits im Ursprung des Wortes Garten, der im indogermanischen Wort »ghortos« (das Eingefaßte, Umfaßte) und im althochdeutschen »gerta« (Rute, Stecken) zu suchen ist: »das umgürtete Land«. Schriftlich belegt sind Zäune zum ersten Mal zur Zeit der Römer. Ebenso auf vielen bildlichen Darstellungen des frühen Mittelalters.

Unsere Vorfahren behalfen sich anfangs durch in den Boden gesteckte Äste und Zweige. Später verwendeten sie auch nicht entastetes Stangenholz von Nadelbäumen, das sie waagrecht zwischen Stützpfosten legten. Doch der gebräuchlichste Zaun war der Flechtzaun mit einem Flechtwerk aus Weidenruten. Weitere Zaunarten traf man bei den Bauerngärten an: den Steckzaun, den Speltenzaun, den Staketenzaun, den Hanichlzaun, den Bretterzaun und den Stangenzaun. Es gab aber noch wesentlich mehr hölzerne Zaunkonstruktionen, die mehr oder weniger verbreitet waren.

Der Staketenzaun steht Bauerngärten am besten zu Gesicht

Viele dieser einfachen, wie auch alten, traditionellen Zaunformen sind selten geworden. Wegen ihres natürlichen Materials und aus ökologischer Sicht sind sie sehr vorteilhaft und haben deshalb Biotopfunktion. Vorausgesetzt, das verwendete Holz war unbehandelt, hatte noch die Rinde und war ohne giftige Anstriche und Imprägnierung verarbeitet. Es sollte kein betonierter Zaunsockel verwendet und genügend Platz zwischen Zaunlatten und Boden gelassen werden. Auch sind sie ökologisch je wertvoller, um so höher der Verwilderungsgrad in der unmittelbaren Nachbarschaft ist. Ein verfallener Zaun, mit Wildkräutern verwachsen, ist ein äußerst vielfältiger Lebensraum im Ökosystem Bauernhof. Zäune aus unbehandeltem, heimischen Holz, (ungeschälten Nadelholzlatten, unbehandeltem Hartholz, Hasel- oder Weidenruten), auch in Verbindung mit regionaltypischen Natursteinpfosten, bieten Flechten die Möglichkeit, sich auszubreiten, Wespen und Wildbienenarten Nist- und Überwinterungsmöglichkeiten und Käfern unter der Rinde wertvollen Lebensraum. So manch einem Vogel wird Gelegenheit gegeben, am Zaun Nahrung zu finden.

Bei einem Eisenzaun, aber auch einem Holzzaun aus gestrichenen oder imprägnierten Brettern oder Latten, ist die Lebensraumfunktion stark eingeschränkt. Durch Auswaschung gelangen Farbe und Imprägnatur ins Erdreich und somit auch ins Grundwasser. Giftige Emissionen durch den Schutzanstrich belasten ebenso die Umwelt.

Keine ökologische Bedeutung und somit Lebensraumfunktion für Flora und Fauna hat der Maschendrahtzaun auf einem Betonsockel. Infolge seiner Barrierewirkung für Pflanzen und Tiere ist er für das

Dieser Zaun ist Ausdruck für das Wissen im Umgang mit der Natur

Auf dem richtigen Weg zu einem wild-schönen Dorf

Dem Nachbarn zum Ärgernis – Pflanzen und Tiere zum Leben

lebendige Dorf unbrauchbar. Pflanzen können sich so gut wie nicht von der einen zur anderen Seite ausbreiten. Auch die Aussamung wird eher eingeschränkt. Für viele Kleintiere wie bestimmte Käfer und Amphibien ist der Betonsockel unübersteigbar. Aber auch Kleinsäuger wie der Igel können das Hindernis nicht überwinden. Durch diese Ghettoisierung von Bauerngärten verinseln die darin lebenden Tiere und degenerieren durch Inzucht bzw. können sich nicht fortpflanzen.

Das Weglassen des Zaunes in der heutigen Zeit mag theoretische, ideologische und ideelle Vorteile haben. Trotzdem spricht viel für einen Zaun: denn nur ein eingezäunter Garten vermittelt das Gefühl eines geschützten Paradieses. Modezäune, wie alle halbhohen Zäune, passen nicht zum althergebrachten Bauerngarten. Die Entscheidung für einen Lattenzaun mit Holzpfosten, Querhölzern und senkrechten Brettern oder halbierten Rundhölzern wird man nicht bereuen. Ganz im Gegenteil.

In einem Zaun wird mehr Weisheit als in einem Buche stecken, so Gottfried Keller. Bei der Errichtung und Wartung des Zaunes ist folgendes zu beachten: Zunächst muß der Zaun dem Gelände angepaßt werden. Hierzu benötigt man keine Wasserwaage und für die nachfolgenden Arbeiten ebenso nicht. Der historisch-traditionelle Staketen- oder Hanichlzaun steht den ländlichen Gärten am besten zu Gesicht; er ist einfach, natürlich und zugleich billig. Für den Staketenzaun verwendet man 1,60 m lange Pfähle aus Lärche, Eiche oder Fichte. Am wenigsten kostet Fichte. Das Faulen des Holzes an der Übergangsstelle, zwischen Erdreich und dem Freien, kann verhindert werden, wenn man den halben Pfahl von unten einen Zentimeter tief in einem Feuer schwach ankohlt. Unter allen Umständen soll chemisch unbehandeltes Holz verwendet werden, am besten mit Rinde, dann finden Marienkäfer und Schlupfwespen noch Schutz.

Die schrägangesägten Pfosten werden etwas tiefer gesetzt und daran die Querlatten befestigt. Daran nagelt man die zugespitzten Latten bzw. Hanichl – junge Fichten- oder Tannenstämmchen mit einem Durchmesser von ca. 3 cm. Als Zaunpfosten können auch Sandsteinsäulen mit quadratischem Querschnitt (etwa 15 bis 20 cm) verwendet werden. Die Querhölzer werden in seitlich eingehauenen Vertiefungen eingehängt. Besonders schön sieht ein Zaun aus Holzbrettern aus. 1,30 Meter lange, zugespitzte, eine Handspanne breiter Bretter werden aneinander gereiht. Jedes siebte Brett ist oben herzförmig zugespitzt und mit einem Loch versehen. Es symbolisiert den Sonntag, wobei die einfachen Bretter die Werktage darstellen. Solch ein Zaun gleicht einer Krone um den Garten. Rundhölzer, Halbhölzer, geschnittene Latten, Bretter oder sogenannte Schwarten, die äußersten Bretter, die von einem Baumstamm abgesägt werden, bezeichnet man als Staketen. Sie eignen sich bestens zum Zaunbau auf dem Lande.

Die Herstellung eines Zaunes mit einem Flechtwerk aus Weidenruten ist eine handwerkliche Herausforderung. Sie rahmen den Bauerngarten besonders schön ein. Und wenn man der Natur ihren Lauf, Gräser und Kräuter als Begleitflora am Gartenzaun stehen läßt, den Zaun der Natur preisgibt, dann ist man auf dem richtigen Weg zu einem wildschönen Dorf, so wie es für die Zukunft notwendiger denn je ist.

Nicht auf dem Holzweg ist, wer Holz mit Rinde nimmt

Obstgärten sind für das Dorf ein Gewinn an Vielfalt, Schönheit und Nützlichkeit

Alte Obstbaumwiesen

Sie sind nicht nur Verbrauchsgut, sondern auch Schöpfung Gottes

»Was haben da für schöne Obstbäume gestanden entlang der Straßen und die schönen Obstgärten, die wir im Dorf hatten, sind fast alle verschwunden.« Wie oft hat man zu mir schon gesagt, »Schorsch, tu doch deine alten Obstbäume raus, was willst du mit denen?« »Ich predige schon zwanzig Jahre lang, daß man die alten Obstbäume nicht fällen soll. Ich habe schon immer gewußt, daß die wieder in Mode kommen, darum habe ich meine gleich stehen lassen, und zu gutem Most braucht man alte Obstbaumsorten«, erzählt Steirers Schorsch.

Verschwunden sind die Obstbäume mit bewährten Sorten und wohlklingenden Namen. Köstliche wie die »Schafsnase« und der »Winterkalvill«, altehrwürdige wie der »Rheinische Bohnapfel« und vielseitig verwendbare wie die »Gewürzluike«.

Nach dem zweiten Weltkrieg wurden die Streuobstanlagen mit staatlicher Hilfe gerodet. Aufgrund des Generalobstbauplanes aus dem Jahre 1957 wurden innerhalb von 20 Jahren nahezu 15000 Hektar Streuobstwiesen mit Zahlungen aus Landesmitteln und EG-Zuschüssen gerodet. »Ausgeräumte« Landstriche waren die Folge.

Neben den Nachteilen für das Gemeinwohl dürfen die wirtschaftlichen Vorteile, die die Rodung für den Erwerbsobstbau gebracht hat, nicht außer acht gelassen werden. Die modernen Niederstamm-Dichtpflanzungen jedoch können die negativen ökologischen Wirkungen ausgeräumter Landschaft nicht wiedergutmachen.

Unsere Vorfahren hatten durch die Anpflanzung von Obstgärten ökologisch, klimatisch vernünftig gehandelt und Dörfer und Höfe harmonisch in die Landschaft eingebunden. Das Verschwinden der Obstbaumwiesen ist ein Verlust von Eigenarten, Vielfalt und Schönheit, mehr noch von Nützlichkeit. Die positive Auswirkung auf das Kleinklima eines Dorfes ist bekannt. Der Boden wird vor Erosion geschützt, die Bäume vermindern die Windgeschwindigkeit und gleichen Temperaturschwankungen zwischen Tag und Nacht aus. Sie regulieren und sanieren den Wasserhaushalt.

Bäume bieten zahlreichen Tieren wie Vögeln, Reptilien und kleinen Säugetieren Lebensraum. Ökologen sind überzeugt, daß Streuobstwiesen die letzten wirklichen Grünlandrefugien sind, in denen viele bedrohte Arten der Feldflur eine Überlebensnische finden. Gerade Kulturflüchter unter den Tieren haben hier ihr allerletztes Reservat gefunden.

Hausnahe Obstbaumwiesen gibt es seit dem Mittelalter

2000 Bewohner leben in und um einen einzigen alten Baum

Auf alte Streuobstbestände angewiesen sind der Gartenrotschwanz, der Rotkopfwürger, der Steinkauz, der Wendehals und der Wiedehopf. Sie zählen zu den stark gefährdeten Vogelarten. In den Hochstammobstbaumwiesen finden sich weitere Vogelarten: Fliegenschnepper jagen nach Insekten. Spechte, Baumläufer und Kleiber suchen in den Borken der Stämme nach Nahrung. Meisen und Finken finden im Blattwerk genügend Raupen. Der Star brütet in Höhlen, der Grauschnäpper in Halbhöhlen und Nischen. Aber nicht nur die Vögel, sondern auch andere Wirbeltiere wie Lurche, Spitzmäuse und Fledermäuse haben in Obstgärten ihr Jagdgebiet. Mit 8000 Insekten auf einem Quadratmeter Boden unter einem Apfelbaum ist ihr Tisch reich gedeckt.

Der Nutzeffekt für die Vögel im Vergleich zwischen Hochstammobstwiesen und Intensivobstplantagen ist 13:1. Niederstamm-Dichtpflanzungen werden viel häufiger von Vögeln überflogen als eine Streuobstwiese. Allein dadurch wird verständlich, daß in einer modernen Obstplantage viel mehr Schadinsekten leben und auf natürliche Art und Weise nicht mehr dezimiert werden können. Der Einsatz von chemischen Pflanzenschutzmitteln ist vorprogrammiert und unvermeidlich.

Streuobstwiesen funktionieren als bioklimatische Puffer. Alte und absterbende Bäume, die extensive Nutzung als Heuwiese oder Viehweide bieten vielfältigem Leben reichliche Entfaltungsmöglichkeiten. Da sich die Streuobstbestände sehr langsam, in der Regel ungestört, entwickelten, hatten auch die Tiere und Pflanzen genügend Zeit, sich in geradezu idealer Weise aufeinander einzustellen.

Zurück zum natürlichen Obstgarten, zur »gottgewollten« Lebensvielfalt

Immer wieder eine Sünde, Blumen vor der Blüte zu mähen

Solche Dörfer braucht das Land

Unser Dorf muß wieder natürlicher werden

Ein wesentliches Resultat der mehr als zweihundertjährigen Geschichte der sittenstrengen Kirchenkonvente ist heute aller Orten sichtbar: Das saubere Dorf. Von der Kirche initiiert, von der Bevölkerung verinnerlichte Handlungsmuster trugen und tragen immer noch dazu bei, daß »Unser Land ein sauberes Land ist«. Dieter Wieland meint dazu: *»Unheimlich sauber – unerbittlich sauber. Der Gipfel der Sauberkeit ist Leblosigkeit. Deutschland ist kalt geworden und hart, aber sauber.«*

Das vor tödlicher Sauberkeit strotzende Dorf, das alle zwei Jahre beim Wettbewerb »Unser Dorf soll schöner werden« teilnimmt, ist nicht gemeint. Sie sind allenthalben präsent: die begradigten Durchfahrtsstraßen, die blankgefegten, geteerten Fußwege, die modernen Einheitsbauten mit Alu-Jalousien, die mit dem Rasenmäher getrimmten Rasenflächen auf öffentlichen Plätzen, in privaten Gärten, mobiles Grün in Betontrögen und alten Mostpressen, die mit Bordsteinen eingefaßten Blumenrabatten, Jägerzäune auf Betonmauern, Zwerge unterm Nadelgehölz, Betonstützmauern, Doppelgaragen mit fernbedienbaren Hubtüren, Sandsteinbrunnen, Bodendeckern, Fahnenstangen und rustikalen Holzbänken, gestiftet von ortsansässigen Banken oder Bauunternehmern, die schwarzen Nostalgielampen und der obligatorische, große Stein.

Die Schönheit alter Bauerndörfer gibt es noch, aber nur fragmentarisch in Form von sogenannten »Schandflecken«. Ihnen begegnen wir in den heutigen Dörfern immer seltener. Sie sollte man aber beachten – ihre Poesie und malerische Schönheit. Das Buch zeigte ein fiktives Dorf, das noch Anfang der 60er Jahre allgegenwärtig war. Aus vielen Bildern puzzleartig zusammengesetzt, lassen sie ahnen, welche Elemente das alte Dorf zu einem harmonischen Ganzen zusammengefügt haben. Jedes Bild allein ist heute als Haus, Fenster, Garten eine Schande für das Dorf, für den Bürgermeister und seine Gemeinderäte, für die Nachbarschaft.

Die Schandflecke sind kulturhistorisch bedeutsame Bauernhäuser und Hinterhofökonischen. So die alte, geschichtsträchtige Weberselde, der brüchige Zehntstadel, die Brennesselflora im Hinterhof, der mit Flechten überzogene Staketenzaun, der verwilderte Obstbaumgarten, das abgebröckelte Gemäuer einer Fachwerkfassade aus dem 17. Jahrhundert. Sie sind wegen ihrer kulturhistorischen Bedeutung und dorfökologischen Wichtigkeit wertvolle Kostbarkeiten,

Ein Aufruf zum Umdenken und zur Rettung des Garten der Natur

Schmuckstücke, die dem Dorf erst seinen Reiz und sein unverfälschtes, ursprüngliches Gesicht geben.

Viel ist vom alten Dorf nicht mehr übriggeblieben. Es wird die Frage gestellt, warum es keinen Bauernstolz mehr gibt, warum nicht die Freude am schönen, traditionellen Besitz? Warum fördern Politiker nicht und wenn, dann nur halbherzig, den Erhalt bäuerlicher Baukultur auf dem Lande? Welches und wessen Interesse verbirgt sich hinter der Idee der Politiker, nur denkmalgeschützte Bauernhäuser zu erhalten und nur deren Translozierung ins Freilichtmuseum finanziell zu unterstützen. So schön die in Freilichtmuseen erhaltenen Bauernhäuser auch anzusehen sind, so sind sie doch auch ein augenscheinliches Indiz dafür, was an Vielfalt heimischer Kulturgüter vernichtet worden ist. Durch überaus schnell erteilte Abbruchgenehmigungen seitens der Behörden und zu hochgesteckte Rechtsauslegungen für die Ausweisung als Kulturdenkmal, wurde so manches Dorf seiner Geschichte beraubt. Es muß unser Bestreben sein, kulturhistorische Objekte an Ort und Stelle zu erhalten. Wenn das, unter welchen Bedingungen auch immer, nicht möglich ist, dann erst sollte an die Translozierung gedacht werden.

Ländliche Idylle wird entdeckt, von deren Existenz nur noch wenige Menschen wissen. Idylle nicht so sehr im nostalgischen Sinne, sondern als Relikt einer schwindenden Lebensform, die uns bei all ihren Schattenseiten, Antworten auf Fragen zu geben vermag, die wir so dringend brauchen und von denen oft niemand zu wissen scheint, wie und wo sie zu finden sind.

Die Bilder klagen an, daß die überwiegende Mehrheit der Bevölkerung es zugelassen hat und immer

Im Zeichen neuen Umweltbewußtseins wird der natürliche Bachlauf wieder entdeckt

Noch nicht ausgetauscht gegen ein pflegeleichtes, penetrant sauberes Dorf

Kulturhistorisch Gewachsenes und dorfökologisch Wertvolles

noch zuläßt, daß unverfälschte Schönheit und bodenständige Kultur zerstört wird. Beschämende Dokumente, daß kaum etwas unternommen wird, ländliche Kultur und Natur zu bewahren. Warum schlossen und schließen immer noch wichtige Entscheidungsträger die Augen, wenn alte historische Bausubstanz vernichtet wurde und wird? Ihre Pflicht wäre, die Eigentümer zu überzeugen, zu ermuntern, wie auch die Öffentlichkeit aufzuklären, daß durch den Erhalt ein wichtiger Beitrag geleistet wird, das Ortsbild nachhaltig qualitativ zu verschönern, daß es ein ehrenswerter Akt ist, sich für die Heimat- und Kulturgeschichte seines Ortes einzusetzen. Auch nachfolgende Generationen werden davon profitieren.

Das Buch bietet Konzepte, gibt Anregungen, will Gedanken äußern und in Bildern zeigen, wie diese ursprüngliche Welt erhalten, wieder neu erschaffen werden kann. Mit der Wiederherstellung alter dörflicher Schönheit und Idylle, also ökologischer Dörfer kann erreicht werden, daß die Bewohner wieder den Wert ihrer Heimat erkennen und in ihr Erfüllung finden, ohne dauernd Ersatz für verlorengegangene Kultur, Schönheit und Ursprünglichkeit in den entferntesten Winkeln der Erde suchen zu müssen. Nicht nur dem Reisestreß, sondern auch einer gigantischen Umweltverschmutzung und Kulturzerstörung anderswo kann damit entgegengewirkt werden.

Die Gestalt von Haus, Dorf und Landschaft ist ein Spiegel, der das eigene Sein reflektiert. Alle drei zusammen wie auch einzeln sind Lebensräume des Menschen, die durch Planen und Bauen dauernden Veränderungen unterworfen sind. Wird in diesen Lebensraum derart eingegriffen, daß das innere Gleich-

Ein Plädoyer für den Erhalt bodenständiger Kultur und Natur. (Wain)

gewicht des Raumes zerstört wird, so bedeutet das auch einen Verlust von Heimat. Heimat, die jeder braucht, die dort zu finden ist, wo man gerne lebt, wo man seit der Kindheit sein Leben geprägt hat. Es sind die Bilder, die wir in uns tragen, ein Leben lang. Bilder, die unsere Augen in der Kindheit als erste sehen und an die wir uns immer gern erinnern. Wer diese Bilder zerstört, nimmt dem, der treu darin wurzelt, seine Heimat. Er macht ihn zu einem Heimatlosen, zum Vertriebenen aus seinem Paradies.

Vergessene und unbewußte Zusammenhänge des Lebens haben dort ihren Ausgangspunkt, steigen nach jahrzehntelanger Abwesenheit wieder aus der inneren Gefühlswelt empor. Es ist die Stelle im Dorf, die einem persönlich wichtig ist. Dorfkulturantropologen fordern daher, daß in erster Linie die im Dorf lebenden Menschen selbst ihren eigenen Lebensraum gestalten und lebenswert machen. Ein gradueller Unterschied bei der Mitbestimmung in der Dorfgestaltung kann helfen. Je länger einer im Dorf wohnt, desto mehr Gewicht sollte, mit gewissen Einschränkungen, seine Meinung haben. Wenn ein Bürger nur sehr kurze Zeit im Ort lebt oder beabsichtigt, ihn binnen kurzer Zeit wieder zu verlassen, dürfte seine Meinung nicht das gleiche Gewicht bei Entscheidungen haben. Das gilt selbstverständlich auch für Gemeinderäte und Bürgermeister. Denn der Ort ist für sie manchmal noch nicht zur Heimat geworden. Es besteht schon ein Unterschied zwischen »heimatverbunden« und »ortsansässig«.

Ein Dorf ist die Summe unterschiedlicher Charaktere von Menschen, der Ortsbaukultur, der Baukultur einzelner Gebäude, der Ökologie des Dorfes und der den Ort umgebenden Landschaft. Die Qualitäten und der ursprünglich unverwechselbare Charakter müssen im Blickpunkt der Planung stehen und dürfen nicht aus den Auge verloren werden, wenn Neues realisiert wird. Die Sinne für die Schönheit alter Dorfstrukturen, wie historisch gewachsener Ortsbilder, zu sensibilisieren und das Bewußtsein und das Verständnis für die Notwendigkeit des Erhalts, der Wiederbelebung und der Neuerschaffung eines ökologischen Dorfes zu wecken, ist neben dem Erhalt und der Wiedererschaffung alter Kulturgüter, unser Anliegen.

Damit der Naturhaushalt und die Tier- und Pflanzenwelt keinen weiteren Schaden nehmen, muß bei der Weiterentwicklung des Dorfes auf ganzheitliche Planung mehr denn je geachtet werden. Dazu gehört, den Dorfnaturhaushalt mit einzubeziehen. Die dorfspezifische Vielfalt von Arten und Lebensräumen muß erhalten und deren Ansiedlung wieder gefördert werden. Die biologische Funktionsfähigkeit des Bodens muß erhalten bzw. wiederhergestellt werden. Altlasten sind zu erkunden, zu bewerten und zu sanieren, da von ehemaligen Gewerbe- und Industrieflächen sowie von stillgelegten Deponien erhebliche Gefahren für die Umweltgüter Wasser, Boden, Luft und damit auch für die menschliche Gesundheit ausgehen. Für die Zukunft sollten keine neuen Altlasten entstehen. Der sparsame Umgang mit Energie und die Verwendung regenerativer Energiequellen sind anzustreben.

Je autarker ein Dorf ist, desto geringer sind die Energie- und Stoffumsätze, was sich günstig auf die Ökobilanz auswirkt. Flächensparende Bauformen müssen präferiert werden, damit der freien Zersiedelung der Landschaft stärker Einhalt geboten werden

Ein Hohlweg – Naturdenkmal und Schmuckstück eines Dorfes

Immer noch werden solche Dorfstraßen saniert

Verstoßen haben wir uns aus diesem Wiesenparadies

kann. Das Wirtschaften im allgemeinen und im speziellen, besonders der Bauern, muß ökologisch ausgerichtet sein.

Ein Stück Wahrheit liegt in den Sätzen »Armut macht ökologisch« und »ökologisch macht reich«. Sie bedeuten, daß diese Lebensform im Einklang steht mit der Energie- und Stoffsparsamkeit natürlicher Ökosysteme. Und assoziieren, daß kurze Energie- und Materialtransporte umwelt- und zugleich kostensparend sind. Die Gewinnung von Energie vor Ort durch Ausnutzung von Wind und Wasser, der Einsatz von Baumaterialien aus naheliegenden Kies- bzw. Lehmgruben und Wäldern und der sparsame Umgang mit ihnen tragen ebenfalls dazu bei, die Ökobilanz des Dorfes zu verbessern und an Natur wirklich wohlhabend zu werden.

Ein sofortiges Umdenken muß stattfinden bei der Nutzung des Bodens, die sich durch Versiegelung, Aufschüttung, Verdichtung, Stoffeinträge und Entwässerung negativ auf die Ökosysteme, Wasser, Flora und Fauna auswirkt. Auch müssen Oberflächengewässer wieder in einen naturnahen Zustand zurückgeführt, natürliche Landschaftselemente wie topographische Eigenschaften, Gräben, Bäche und Teiche erhalten bzw. wieder renaturiert werden. Bei Betriebs- und Dorferweiterung sind Baumbestände zu schonen. Auf das Errichten von betonierten Stützmauern muß zugunsten von Trockenmauern verzichtet werden. Verrohrte Bäche sind ökologisch tot, und begradigte Bachläufe haben negative Eigenschaften. Sie fördern am Unterlauf Hochwasser, reduzieren die Neubildung von Grundwasser und zerstören Lebensgemeinschaften von Pflanzen und Tieren. Bäume und Sträucher wirken sich fast ausschließlich positiv auf den Wohnbereich des Menschen aus. Für Tiere sind sie unverzichtbar.

Die Flora und Fauna alter Dörfer war äußerst vielfältig. Sie setzt sich aus natürlichen Pflanzengemeinschaften zusammen, wie Hecken, Uferfluren, Wildsäumen und anthropogen bedingter Vegetation wie Wiesenkräutern, extensivbewirtschafteter Wiesen und Weiden, Blumen der Bauerngärten, Ruderalpflanzen, Haus-.und Hofbäumen, Dorfbäumen und Hochstammobstbäumen an Straßen und in Streuobstwiesen sowie naturnahen Hecken und Feldgehölzen. Eine solch vielfältige Dorfvegetation ist Heimat einer ebenso vielfältigen Tierwelt. Um dieses Tierleben dauerhaft zu erhalten und nicht zu gefährden, ist es wichtig, daß die einzelnen Biotope im Dorf untereinander und mit der Landschaft außerhalb vernetzt werden. Dann kann sich die Tierwelt auch ungestört austauschen und degeneriert nicht durch Verinselung.

Wenn bei der Dorfgestaltung und ihrer Verschönerung all diese Ratschläge beachtet und in die Tat umgesetzt werden, ist ein entscheidender Schritt »Vorwärts zur Natur« getan. Das Dorf erfüllt dann alle Anforderungen an ein traditionell lebenswertes und lebensvolles Dorf, eines Dorfes, dessen ökologische Situation nicht von der natürlicher Ökosysteme abweicht. Es wird den Erfordernissen der in ihm lebenden Menschen gerecht und erfüllt die Kriterien der Prüfungskommission »Unser Dorf soll natürlicher werden.«

Ein solches Dorf ist dann wieder Heimat für alle und keine Utopie!

Eine Aufforderung zur Schaffung stabiler Ökotope, eines ökologischen Dorfes

Ein klares Bekenntnis zur Renaissance von Lebenswegen

Literaturverzeichnis

G. U. Großmann, Der Fachwerkbau. DuMont Buchverlag, Köln, 1986.

H. Magel, u. a., – Grundlagen zur Dorfökologie. Bayerisches Staatsministerium für Ernährung, Landwirtschaft und Forsten, München, 1992.

C. Reiher, G. Schäfer, Fenster und Türen. Verein Hohenloher Freilandmuseum e. V., Schwäbisch Hall, 1993. W. Sasse, – Ein sprechendes Architekturdenkmal. Verein Hohenloher Freilandmuseum e. V., Schwäbisch Hall, 1991

R. L. Schreiber, Arche Noah 2000. Pro Natur Verlag, 1980.

W. Unseld, Zwischen Kanzel und Kehrwoche – Glauben und Leben im evangelischen Württemberg, Landeskirchliches Museum, 1994.

K. Thiede, Alte deutsche Bauernhäuser. Verlag K. R. Langewiesche Nachfolger H. Köster, Königstein/ Taunus, 1963.

W.-D. Unterweger, U. Unterweger, Das große Buch der Bauerngärten. Stürtz Verlag Würzburg, 1990.

W.-D. Unterweger, U. Unterweger, Die letzten Bauernwiesen. Verlag Busse und Seewald, Herford, 1989.

W. Walter, Fachwerke in der Schweiz. Birkhäuser Verlag Basel, 1991.

D. Wieland, Typisch Deutsch – Das saubere Dorf. Bayerischer Rundfunk, 1989.

D. Wieland, Bauen und Bewahren auf dem Lande. Deutsches Nationalkomitee für Denkmalschutz, Bonn, 1984.

Unserem Sohn Philipp Andreas

Dieses Buch ist ein Aufruf zum Umdenken, zur Rettung des lebendigen, natürlichen Dorfes für die Zukunft. Es ist ein Plädoyer für den Erhalt bodenständiger Kultur und Natur; eine Absage an die Fortschrittseuphorie, die allzuschnell vernichtet, was alt, in vielen Generationen gewachsen ist und einen ewigen Sinn in sich birgt.

Umwelthinweis:
Dieses Buch und der Umschlag wurden auf chlorfrei gebleichtem Papier gedruckt.
Die Einschrumpffolie – zum Schutz vor Verschmutzung – ist aus umweltverträglichem und recyclingfähigem PE-Material.

Sonderausgabe für Flechsig Buchvertrieb

Gesamtherstellung: AGORA United Graphic Services, b.v
Netherlands

ISBN 3-88189-274-5